天津市哲学社会科学规划项目资助出版
编码：TJZK1605
项目类别：一般项目

京津冀协同发展中的天津产业承接与竞合路径选择研究

安轶龙　著

燕山大学出版社
·秦皇岛·

图书在版编目（CIP）数据

京津冀协同发展中的天津产业承接与竞合路径选择研究 / 安轶龙著. —秦皇岛：燕山大学出版社，2021.11

ISBN 978-7-5761-0159-1

Ⅰ. ①京… Ⅱ. ①安… Ⅲ. ①产业发展－研究－天津 Ⅳ. ①F269.272.1

中国版本图书馆 CIP 数据核字（2021）第 227461 号

京津冀协同发展中的天津产业承接与竞合路径选择研究
安轶龙 著

出 版 人：陈　玉				
责任编辑：王　宁		策划编辑：唐　雷		
责任印制：吴　波		封面设计：吴　波		
出版发行：燕山大学出版社 YANSHAN UNIVERSITY PRESS		地　　址：河北省秦皇岛市河北大街西段 438 号		
邮政编码：066004		电　　话：0335-8387555		
印　　刷：英格拉姆印刷(固安)有限公司		经　　销：全国新华书店		
尺　　寸：170mm×240mm　16 开		印　　张：13.25		
版　　次：2021 年 11 月第 1 版		印　　次：2021 年 11 月第 1 次印刷		
书　　号：ISBN 978-7-5761-0159-1		字　　数：200 千字		
定　　价：58.00 元				

版权所有　侵权必究

如发生印刷、装订质量问题，读者可与出版社联系调换

联系电话：0335-8387718

前　言

京津冀协同发展上升为国家战略，通过疏解非首都功能，调整经济结构和空间结构，促进区域协同发展，形成新的增长极。那么，就必然会带来京津冀三地之间产业的转移。而三地产业结构差异明显，产业协同发展水平不尽如人意，制约着京津冀区域整体竞争力的提升。解决上述问题的关键在于三地间产业如何进行转移，以促进产业的竞争与合作，这是一个非常值得研究的课题。

本书系统地论述了产业转移的相关理论，包括概念内涵、影响要素、内在机理、动力机制，包括相关案例以及天津承接产业转移遇到的难点问题与应遵循的原则，并构建了天津承接产业转移路径选择博弈模型，同时在此基础上，基于企业、产业、政府三个层面提出了相关建议。

本书的研究贡献与创新点主要体现在以下方面：

第一，目前国内对于河北省产业承接能力的研究成果较为丰富，而关于天津市主要承接来自北京地区转移产业的研究还较为少见。本书从这一视角出发，对京津冀协同发展进行研究，丰富了京津冀产业转移与承接方面的研究内容。

第二，本书对天津市主要承接来自北京地区产业转移的状况进行了分析，产业集群模式成为其承接产业转移的主要发展模式，构建了天津转入产业与北京转出产业的竞争合作博弈模型。

第三，本书提出了天津主要承接来自北京产业转移的四个层面的建议，为政府科学决策提供了借鉴。

目 录

第一章 绪论 … 1
第一节 研究背景及意义 … 3
一、研究背景 … 3
二、研究意义 … 5
第二节 可行性分析 … 8
一、京津之间的科技资源共享初见成效 … 8
二、京津冀之间地域相邻,交通便利 … 9
三、构建承接平台,对接北京八大类产业转移 … 9
第三节 研究方法及拟解决的关键问题 … 10
一、研究方法 … 10
二、拟解决的关键问题 … 10
第四节 研究思路及内容结构 … 11
一、研究思路 … 11
二、研究内容结构 … 12
第五节 主要创新点 … 14

第二章 理论基础 … 15
第一节 主要概念释义 … 17
一、产业转移 … 17

二、产业承接 …………………………………………………… 18
　　三、产业转移与产业承接的关系 ……………………………… 19
　　四、产业结构升级 ……………………………………………… 19
第二节　产业转移与产业承接的条件 ……………………………… 21
　　一、产业梯度 …………………………………………………… 21
　　二、市场机制 …………………………………………………… 21
　　三、经济形势 …………………………………………………… 22
第三节　影响产业承接的要素分析 ………………………………… 23
第四节　产业转移与承接的动力机制 ……………………………… 25
　　一、产业转移的动力机制 ……………………………………… 25
　　二、产业承接的动力机制 ……………………………………… 28
第五节　理论基础 …………………………………………………… 30
　　一、比较优势理论 ……………………………………………… 30
　　二、产业梯度转移理论 ………………………………………… 30
　　三、增长极理论 ………………………………………………… 31
　　四、协同论 ……………………………………………………… 32
　　五、博弈论 ……………………………………………………… 33
　　六、其他理论 …………………………………………………… 34
第六节　产业承接模式 ……………………………………………… 35
　　一、整体迁移模式 ……………………………………………… 35
　　二、内部一体化承接模式 ……………………………………… 36
　　三、梯度与逆梯度承接模式 …………………………………… 37
　　四、集群转移承接模式 ………………………………………… 38
　　五、其他的产业承接模式 ……………………………………… 39
第七节　常见的产业转移与承接发展路径分析 …………………… 40
　　一、从东部沿海发达省份向中西部欠发达省份转移 ………… 40

二、同一区域内发生的发达地区向欠发达地区的转移 …… 41
　　三、从城市向农村转移 …………………………………… 42

第三章　相关文献综述 …………………………………… 45
　第一节　国外产业转移与承接的研究现状 ………………… 47
　第二节　国内产业转移与承接的研究现状 ………………… 50
　第三节　形成的几点共识与尚待改进的问题 ……………… 55

第四章　天津承接主要来自北京产业转移的现状分析 …… 57
　第一节　相关重要政策分析 ………………………………… 60
　　一、两个集中承载地 ……………………………………… 60
　　二、四大战略合作功能区 ………………………………… 61
　　三、46个专业化承接平台 ………………………………… 63
　　四、1555N ………………………………………………… 67
　第二节　政策启示 …………………………………………… 69
　　一、平台功能各有侧重，精准化承接 …………………… 69
　　二、突出创新驱动产业升级转移，构建"京津冀协同创新
　　　　共同体" ………………………………………………… 69
　第三节　天津承接主要来自北京产业转移的特点分析 …… 70
　　一、利用京冀资金规模不断扩大 ………………………… 70
　　二、承接项目呈集群化发展趋势 ………………………… 72
　　三、承接产业逐渐向价值链高端发展 …………………… 73
　　四、承接项目分布于全市区域 …………………………… 74
　第四节　天津承接主要来自北京产业转移的难点分析 …… 75
　　一、更加注重技术承接能力的提升 ……………………… 75
　　二、更加注重科技成果转化步伐的加快 ………………… 76

三、更加注重科技与金融的深度融合，带动产业金融 ……… 76
　第五节　天津承接产业转移应遵循的原则 ……………………… 78
　　一、产业互惠共生原则 ………………………………………… 78
　　二、基础性原则 ………………………………………………… 80
　　三、增长极原则 ………………………………………………… 80

第五章　国内外产业转移与承接的经验与启示 …………… 81
　第一节　国际产业转移与承接梳理 ……………………………… 83
　　一、"二战"后美国向德国、日本发生的产业转移与承接 … 83
　　二、20 世纪 70 年代前期日本向"亚洲四小龙"发生的产业
　　　　转移 ………………………………………………………… 85
　　三、"广场协议"导致日本向"亚洲四小龙"发生的产业转移 … 85
　　四、20 世纪 90 年代的产业转移 ……………………………… 86
　　五、"金砖五国"承接的新一轮国际产业转移 ………………… 86
　第二节　韩国半导体产业转移与承接的经验做法 ……………… 88
　第三节　我国台湾地区 IC 产业转移与承接的经验做法 ……… 90
　第四节　重庆承接电子产业转移的经验做法 …………………… 92
　第五节　我国传统制造业转移至非洲的经验做法 ……………… 95
　第六节　新加坡承接半导体产业转移的经验做法 ……………… 98
　第七节　皖江城市带示范区产业承接的经验做法 ……………… 100
　第八节　湘南湘西承接产业转移示范区产业承接的经验做法 … 103
　第九节　日本东京都市圈产业协同发展 ………………………… 110
　第十节　相关启示 ………………………………………………… 112

第六章　承接产业转移推动天津产业结构优化升级的内在机理
　　　　分析 ……………………………………………………… 117

第一节 承接产业转移影响产业结构优化升级的作用机理分析 … 119
　一、转移效应 … 119
　二、溢出效应 … 120
　三、集聚效应 … 120
第二节 承接产业转移影响天津产业结构优化升级取决于市场与政府的作用合力 … 122
第三节 承接产业转移影响天津产业结构优化升级关键途径 … 125
第四节 承接产业转移影响天津产业结构优化升级的支撑力要素 … 130
　一、产业承载力要素 … 130
　二、产业选择要素 … 131
　三、科技创新及转化要素 … 132
　四、产业配套能力要素 … 134
第五节 承接产业转移影响天津产业结构优化升级的内在机理结构模型 … 137

第七章 天津主要承接来自北京产业转移竞合博弈分析 … 141
第一节 京津冀三地间竞合关系表现形式 … 143
　一、新极化效应 … 143
　二、扩散效应 … 146
　三、两者关系 … 146
第二节 天津主要承接来自北京产业转移竞合模式 … 148
　一、从政府主导到政府引导 … 148
　二、产业园区、基地作为载体 … 149
　三、企业作为主体 … 150
　四、创新驱动作为支撑 … 150

第三节　竞合模式对经济效率的影响 …………………… 152
　一、竞合模式对经济效率的正面影响 ………………… 152
　二、竞合模式对经济效率的负面影响 ………………… 154
第四节　竞合博弈模型 …………………………………… 155
　一、天津主要承接来自北京产业转移形成的企业间"囚徒困境"
　　　博弈模型 ……………………………………………… 155
　二、竞合博弈分析的几点启示 ………………………… 158

第八章　天津主要承接来自北京产业转移与竞合路径选择分析 …………………………………………………… 159

第一节　利用产业梯度系数分析产业承接 ……………… 161
第二节　天津市选择主要承接来自北京产业转移的政策依据 …… 163
第三节　关于承接地的选择 ……………………………… 165
　一、以产业集群及产业园区促进承接产业落地 ……… 165
　二、以五个平台对接北京中关村高新技术产业转移 … 166
　三、以京津冀城市群促进承接产业转移 ……………… 167

第九章　天津承接北京产业转移的对策建议 ……………… 169

第一节　企业层面 ………………………………………… 171
　一、继续提升企业技术自主创新能力与研发能力 …… 171
　二、提升企业逆向创新能力 …………………………… 173
　三、推进本土现有企业与转入企业的互动发展 ……… 174
第二节　产业层面 ………………………………………… 175
　一、防止产业同构，严格依据《京津冀产业转移指南》 …… 175
　二、创新产业转移与承接方式 ………………………… 176
　三、提高产业协同创新能力 …………………………… 176

四、继续巩固特色产业，构筑产业竞争新优势 …………… 177
第三节　政府层面 ………………………………………………… 178
一、当好"市场守夜人" …………………………………………… 178
二、加强要素市场的培育与建设 ………………………………… 178
三、构筑支撑产业转移平台，创造良好的产业承接环境 …… 179

参考文献 ……………………………………………………… 181

后记 …………………………………………………………… 199

第一章

绪 论

第一节　研究背景及意义

一、研究背景

现阶段，在我国已经形成的三大经济圈中（长三角区域、珠三角区域、京津冀区域），京津冀经济圈具有明显的资源聚集优势，长三角经济圈具有明显的区位优势，珠三角经济圈具有明显的制度优势。这其中，长三角、珠三角经济圈合作体制机制日益完善，其经济总量占全国经济总量的份额巨大，京津冀经济圈与其相比处于下风。但随着"京津冀协同发展"被提升到国家发展战略层面，京津冀协同发展成为中国经济圈发展的新亮点，推动京津冀协同发展是加快我国经济发展的重要步骤，也是继长三角、珠三角两大经济圈发展之后，促进我国经济结构调整优化的重要举措。其对周边区域的经济发展具有巨大的辐射带动作用，京津冀已成为中国重要的增长极，在中国的经济贡献力中，北京、天津、河北三地之和贡献很大，2015年三地地区生产总值（GDP）合计69312.9亿元，占全国的10.2%，但与长三角地区和珠三角地区相比，其经济发展水平还是有所落后[1]。2018年是实现京津冀协同发展中期目标的开局之年，据统计，三地地区生产总值合计8.5万亿元，京津冀三地三大产业构成为4.3∶34.4∶61.3，其中，北京第三产业占比为81%，天津为58.6%，河北省为46.2%[2]。虽然京津冀地区在产业协作方面已经取得了一定的成效，诸如三地产业高端化特征日益显著、北京和天津产业结构早于河北省分别呈现了"三二一"结构形态,河北省也在 2018 年实现了服务业比重首次超过第二产业,对经济增长的贡献率达到了 65.5%,但区域内还存在着诸如生产要素流通不畅、产业间互动难以形成等问题,阻碍了京津冀协同发展和竞争力的提升。

为进一步缩小三地间区域发展差距,省际必要的产业转移显得尤为重要。例如,我国东部沿海地区由于劳动力、土地等生产要素成本提高,产品、资源优势丧失,其相关产业已经开始转移至其他区域。又如,部分跨国企业在改革开放之初进入我国,如今由于生产成本的提升开始转移至其他国家和地区。不难看出,区域间的产业转移一方面是地域间经济发展造成的,另一方面也是企业发展的需要。但是需要特别指出的是,对于承接区域而言,必须厘清区域产业转移承接的驱动因素和路径,从而发挥产业转移承接的正效应,减少负效应,切实作好本区域的产业优化升级。依据《京津冀协同发展规划纲要》,北京市的战略定位为全国政治、文化、国际交往和科技创新中心,天津市侧重于先进制造研发、国际航运、金融创新、改革开放等方面的发展,河北省则作为现代商贸物流重要基地、产业转型升级试验区、新型城镇化与城乡统筹示范区和京津冀生态环境的支撑区域。根据京津冀三地的功能定位,北京市将逐步转出或控制与首都功能不符的产业,而天津市也将以制造研发、国家航运等为方向加速发展,随着三地对《京津冀协同发展规划纲要》的落实,天津将承接大量以转变首都功能为目的而转出的产业。

自党的十八大以来,习近平总书记多次到京津冀地区考察调研,并主持召开相关会议。他指出:"京津冀如同一朵花上的花瓣,瓣瓣不同,却瓣瓣同心。"总书记对于京津冀协同发展作出一系列重要论述,包括打破"一亩三分地"的战略考量、五方面"一体化"、从六个方面推动京津冀协同发展等,对于京津冀协同发展具有重要的指导作用。

二、研究意义

经济发展到一定阶段后,产业转移也就随之产生。它促进资源的全球化配置,缩小区域差距、城乡差距。承接产业转移对承接地区的发展作用是显著的,存在优势升级效应、优化效应、扩大效应、发展效应等,有效承接产业转移将起到提高技术水平、优化产业结构、增强竞争优势、促进地区经济发展等作用[3]。具体来说,本书的研究意义主要体现在以下几个方面。

(一)区域产业结构升级

京津冀协同发展作为国家重大发展战略,其核心是疏解北京非首都功能,这里的"疏解非首都功能"不仅包括调整、疏解对北京"大城市病"造成严重影响的传统产业,还包括部分不具备首都核心功能的现代产业,以加速实现中央对天津"一基地三区"的战略定位。

(二)提高资源使用效率

在承接北京地区产业转移过程中,要素资源也在合理地流动和不断地进行优化。合理发展天津的优势产业,引进北京地区先进技术,有利于充分发挥天津的要素禀赋优势,提高其资源使用效率,以实现资源要素的合理利用。

(三)形成天津优势特色产业

在承接北京地区产业转移过程中,应合理发展天津的优势产业,诸如将高污染、低端的产业拒之门外,重点承接现代服务业,其中新态金融服务业是重点,例如天津已成为发展全国股权投资基金产业的重要基地,融资租赁业已占到全国近三分之一。

（四）全力服务雄安新区规划建设

设立雄安新区是国家大事，自从设立以来，其就与京津冀三地形成了紧密而又特殊的关系。雄安新区与天津形成更为紧密的协作关系，共同承担疏解非首都功能的任务。其与天津的关系具体体现在以下四个方面：一是雄安新区开发建设需要天津的支持；二是雄安新区经济发展需要天津的支持；三是雄安新区城市发展需要天津的支持；四是雄安新区对外开放需要天津的支持。雄安新区承接北京市高端高新产业和现代服务业转移，在产业链、价值链、创新链等方面积极融入北京市高精尖产业体系，适当引入央企研发型总部，承接天津市部分科技型中小企业落户，与周边地区错位承接京津产业转移，此外，雄安新区还积极承接国际化产业转移[4]。

（五）贯彻新发展理念

实现"京津冀协同发展"与"创新、协调、绿色、开放、共享"新发展理念相契合，这就要求天津市在承接北京产业转移过程中，要"有选择"地承接，对于天津市本就具有优势的相关产业，在承接过程中，健全完善其供应链，形成完备产业链的价值链，形成辐射带动作用。

（六）服务于新发展格局

京津冀协同发展作为我国重大区域发展战略，从属于新发展格局，服务于新发展格局。在新发展格局之下，京津冀协同发展必将面临新环境、新要求：一是面对世界经济低迷、全球市场萎缩和外需对我国经济带动力减弱的外部环境，迫切地需要打破行政分割与市场分割，有效降低交易成本，通过构建区域共同市场促进内需潜力释放和市场规模优势发挥，为我国国内大循环体系构建提供战略支点；二是面对全球产业链本地化趋势，京津冀产业链重塑任务艰巨，迫切需要抓住新一轮技术革命和产业革命的历史机遇，补齐产业链、供应链短板，优化区域产业链布局，着力提升产业链、供应链现代化水平，提高供给体系对国内需求的适配性；三是中国融入经济全球化的大势不可逆转，京津冀地区迫切需要激发海空口岸等战略资源的协同发展潜力，塑造国际竞争新优势，在全球价值链和产业链中占据有利位置，为实现国内国际双循环相互促进提供有力支撑[5]。

第二节　可行性分析

京津冀协同发展要求天津市要充分利用自身优势，积极承接北京地区产业转移，合理调整产业布局，缩小与北京市在经济上的差距。天津市在京津冀协同发展中的作用非常重要，承接北京地区产业转移具有多方面的优势。天津市在承接北京地区、河北地区产业转移的过程中，不仅可以调整自身产业结构，还可以进一步促进其经济发展。

一、京津之间的科技资源共享初见成效

京津冀地区作为我国科技资源分布最为集中和丰富的地区，科技资源共享的深度与广度不仅影响着京津冀科技创新的跨越式发展，而且能为区域创新与协调发展提供物质基础，进一步提升京津冀区域内科技竞争力。"京津之间的科技资源共享主要表现为以下几个方面：一是省市内物理资源共享初见成效，省际共享还有待提高；二是省市和省际的科技数据共享刚刚起步；三是京津已出台多项管理办法，资源共享有章可循[6]。"北京市聚集了全国最优质的高等教育资源，以及全国最大的科技研发转化基地——中关村，这些资源目前部分与天津市进行了有效的对接与共享，例如建立的滨海-中关村科技园、中关村（天津）可信产业园等项目。

二、京津冀之间地域相邻，交通便利

京津冀在地域上紧密相连，河北省环绕京津，三个地区间的运输、交易成本低廉，生产要素可以在京津冀内自由流动，要素利用效率大大提高，这就降低了产业转移的成本[7]。经济的发展离不开交通的发展，"交通一体化"是京津冀协同发展的先行领域，而基于高铁轨道上的京津冀让"1小时区域交通圈"正在变为现实。例如，自2017年6月1日起，对京津冀城际延长线实行"公交化"票价。京津冀城际铁路网规划出炉，2020年率先建成8条城际线，分别为：①京石城际；②京霸城际；③京唐城际；④京滨城际；⑤廊涿城际；⑥环北京城际；⑦城际铁路联络线；⑧京张城际崇礼线。

三、构建承接平台，对接北京八大类产业转移

根据工信部会同京津冀三地制定的《京津冀产业转移指南》要求，北京有信息技术、装备制造、商贸流通、教育培训、健康养老、金融后台、文化创意、体育休闲等八大类产业需要转出。天津市确定了"1+11"个承接平台，用以对接产业转移。其中，"1"是指天津滨海新区，"11"是指分布在各个区县的功能承接平台，包括武清京津产业园、宁河未来科技城、宝坻京津中关村科技新城等。

第三节 研究方法及拟解决的关键问题

一、研究方法

本书将以区域经济学和产业经济学等经济学相关理论和管理学相关理论与方法为指导,在具体研究方法上,采用实证分析与规范分析相结合的分析方法,采用文献资料分析、静态分析、动态分析和比较分析等研究方法,对天津产业承接、产业结构优化布局进行深入细致的研究。

二、拟解决的关键问题

本书拟解决的关键问题主要有三个:产业承接相关概念的界定,范围及产业选择标准的划分,承接产业转移能力指标体系的构建;运用产业梯度系数、工业的区域配置系数和区域专业系数对天津市承接产业转移能力进行测度与评价;在实证分析的基础上,提出提升天津市产业承接能力、优化产业布局、与北京及河北省形成竞合发展态势的关键途径和相关建议。

第四节 研究思路及内容结构

一、研究思路

本书的研究思路与写作思路：以天津市产业承接与竞合路径为主线，以相关产业转移和承接的理论为出发点，探讨形成天津市产业承接与竞合选择的关键路径，并提出相应的对策建议。

本书的研究思路及写作思路和技术路线如图1-1所示。

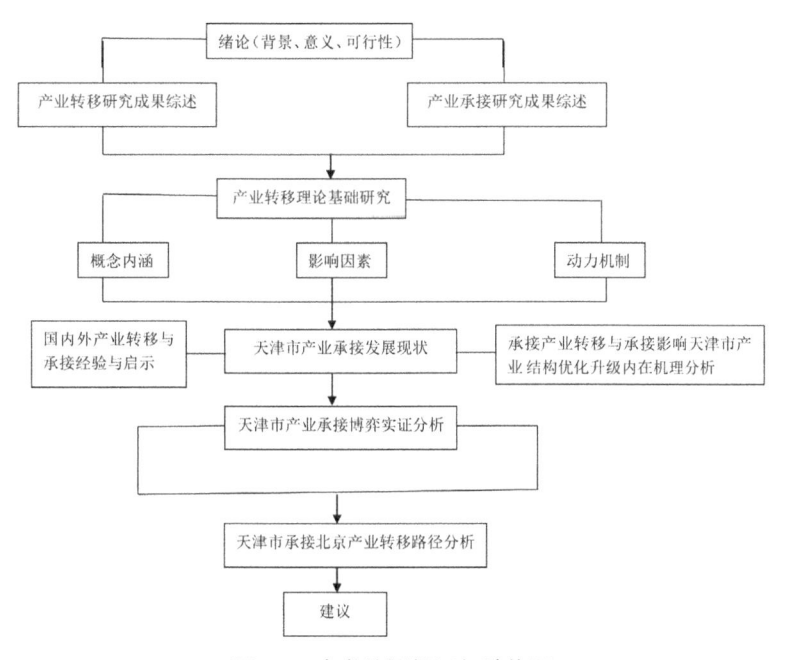

图1-1 本书的逻辑框架结构图

二、研究内容结构

本书的研究内容将沿着理论分析—实证分析—对策分析的思路展开，本书分为九章：

第一部分（第一章）：绪论。主要包括研究背景及意义、可行性分析、研究方法与思路，并提出本书主要解决的三个问题，最后试着提出本书研究的创新点。

第二部分（第二章）：理论基础。本部分主要阐述了产业转移与产业承接的概念以及两者之间的关系，并对产业转移与产业承接的条件、影响产业承接的因素、产业转移与产业承接的动力机制进行了较为详细的分析。另外，回顾了产业转移与产业承接所涉及的比较优势理论、产业梯度转移理论、增长极理论、协同论、博弈论等相关理论。在梳理基础理论的同时，对产业转移与承接研究中归纳总结的现有成熟的诸如整体迁移模式、内部一体化承接模式、梯度与逆梯度承接模式、集群转移承接模式等进行了详述。

第三部分（第三章）：相关文献综述。本部分主要针对国内外产业转移和产业承接进行文献梳理，为本书研究奠定基础。

第四部分（第四章）：天津承接主要来自北京产业转移的现状分析。首先，本部分对天津主要承接北京产业转移的特点进行了分析；其次，对于承接产业转移的难点进行分析；最后，对天津承接产业转移应遵循的原则进行了分析。

第五部分（第五章）：国内外产业转移与承接的经验与启示。首先，简述了国内外在产业转移与承接方面的经验与做法；其次，总结了上述经验与做法对于本书研究的启示。

第六部分（第六章）：承接产业转移推动天津产业结构优化升级的内在机理分析。首先，分别从作用机理、市场与政府的作用合力、关键途径、支撑力要素等方面对内在机理的维度进行了分析；然后，总结出承接产业转移推动天津产业结构优化升级的内在机理结构模型。

第七部分（第七章）：天津主要承接来自北京产业转移竞合博弈分析。首先，对竞合关系的表现形式进行了介绍；其次，对竞合模式进行了分析；再次，提出了天津承接产业转移的竞合博弈模型。

第八部分（第八章）：天津主要承接来自北京产业转移与竞合路径选择分析。本部分首先对天津工业产业梯度进行分析，并结合转移政策，提出了天津重点承接的产业类型；然后结合《京津冀产业转移指南》提出的"一个中心、五区五带五链、若干特色基地"的产业发展格局，对承接地进行了分析。

第九部分（第九章）：天津承接北京产业转移的对策建议。本部分在上述部分分析的基础之上，提出转出产业与转入地产业相结合，以更有效地发挥规模效益的若干建议。

本书的总体结构框架如图1-2所示。

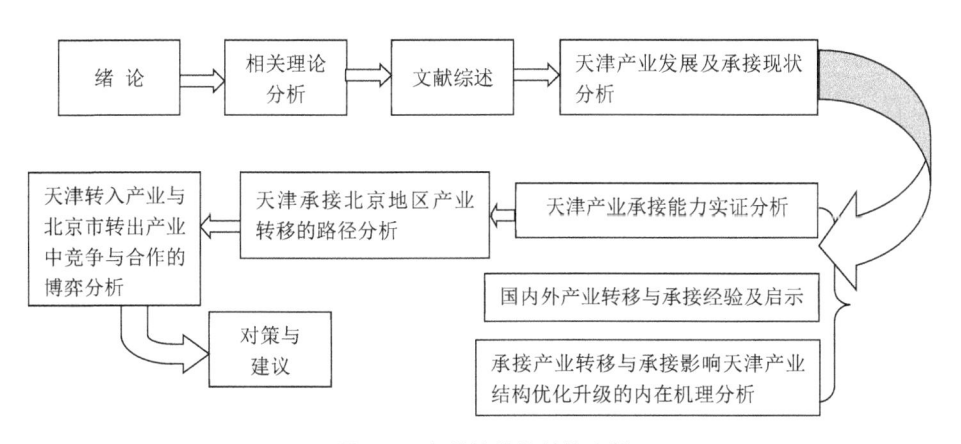

图1-2 本书的总体结构安排

第五节　主要创新点

通过文献检索发现，目前大多数国外关于产业转移及承接的研究主要集中在对世界六大城市经济圈的研究。而从我国的研究中发现，现有关于京津冀三地间产业转移及承接的文献，大多集中在河北省如何作好产业转移或承接，并提出一些建议与对策，对于天津市在产业承接以及与北京和河北形成竞争合作产业发展格局方面的研究寥寥无几。本书在已有国内外大量相关文献及调研数据的研究基础上，力图在以下三个方面作出贡献：

第一，随着京津冀协同发展上升到国家战略层面，对于京津冀间产业转移与承接的研究逐渐成为学术界的热点，目前，国内对于河北省产业承接能力的成果研究较为丰富，而关于天津市承接北京地区转移产业的研究还较为少见。从这一视角，本书的研究丰富了京津冀产业转移与承接的研究成果。

第二，本书对天津市主要承接北京地区产业转移的状况进行了分析，产业集群模式成为其承接产业转移的主要发展模式，构建了天津市转入产业与北京地区转出产业的竞争合作博弈模型。

第三，通过上述研究结论，本书提出天津主要承接北京产业转移的建议，为政府科学决策提供了借鉴。

第二章
理论基础

第二章 理论基础

第一节 主要概念释义

一、产业转移

本章的重点在于对"产业承接"进行研究，首先需要明确"产业转移"这个概念。目前，国内学术界对于"产业转移"概念的研究主要有以下几种观点：一是转移条件论。陈计旺（1999）[8]认为其是经济发展过程中区域间比较优势转化的必然结果，发达地区向落后地区不断转移，已经丧失了优势的产业。陈建军（2002）[9]认为，产业转移是由于资源供给或产品需求条件发生变化后某些产业从某一地区或国家转移到另一地区或国家的一种经济过程。二是转移空间论。郑燕伟（2000）[10]认为，产业转移是指在市场经济条件下，发达区域的部分企业顺应区域比较优势的变化，通过跨区域直接投资，把部分产业的生产转移到发展中区域进行，从而在产业的空间分布上表现出该产业由发达区域向发展中区域转移的现象。三是转移进退论。陈刚等（2001）[11]认为，产业转移是指在市场经济条件下，发达区域的产业顺应竞争优势的变化，通过跨区域直接投资，把部分产业的生产转移到发展中区域进行，从而使产业表现为在空间上移动的现象。四是转移过程论。熊必琳等（2007）[12]认为，产业转移是一个动态连续过程，在某一区域范围内产业的成长伴随着区域外该产业的扩张或衰退，当该区域完成其主导产业的转换时，一个连续的产业转移过程就将终止。五是转移要素整合论。孙华平等（2008）[13]认为，产业转移是市场机制运行条件下的正常经济现象，即通过对区域内各种资源要素的整合和利用，使区域经济发展产生最佳效益。结合本研究的实际情况，"产业转移"是指在经济地域运动发展中，由于要素优势演变促进劳动地域分工的发展和产业结构的优化而表现出的企业区位的再选择和产业的转型现象，即以企业为载体的产业跨时空调整过程，具体如图2-1所示[14]。

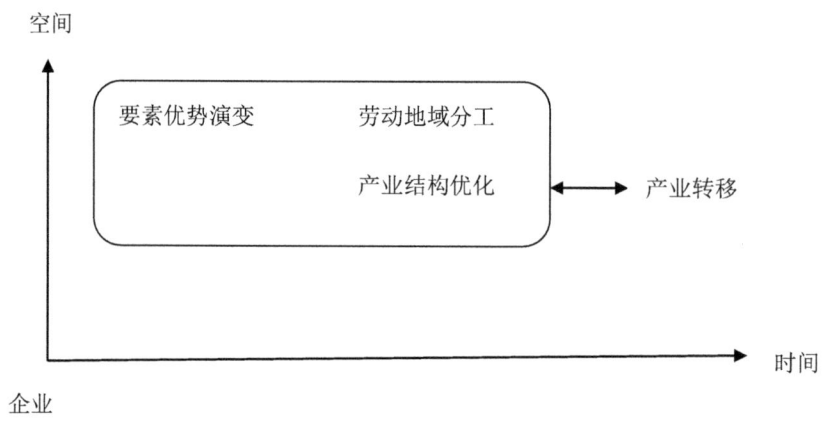

图 2-1　产业转移内涵示意图

二、产业承接

"产业转移"和"产业承接"是两个互相联系的双向环节，产业承接是针对产业转移的承接。基于上述对于"产业转移"概念的分析，目前国内学术界对于"产业承接"这一概念的研究，大多是从"产业承接（能）力"这一建构出发的。产业承接能（力）一方面取决于产业转出区的愿望和利益（可形成产业转移），另一方面取决于产业转入区的技术消化能力、比较优势和经济发展水平（可形成产业承接）。本书中所涉及的"产业承接"是指欠发达国家或地区为实现地区产业结构升级与经济发展，积极接纳来自发达国家或地区的产业转移，实现产业结构的优化升级[15]。

三、产业转移与产业承接的关系

上文已对产业转移和产业承接的概念进行了分析,产业的转移和承接过程包括吸引、选择、支撑和发展,其中每一个环节都要具备充足的能力,它是国家或地区在是否适合某种产业移入和发展这一问题上所具有的竞争优势的综合体现[16]。产业转移过程如图2-2所示[17]。

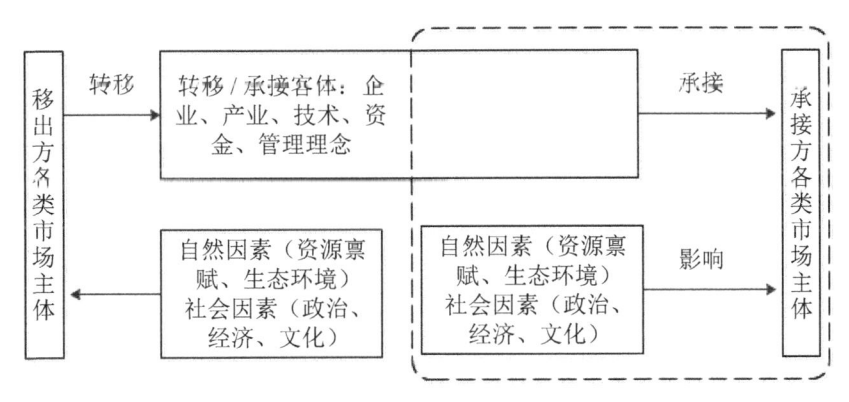

图2-2 产业转移流程示意图

四、产业结构升级

产业结构是指一国(或地区)各产业部门、行业之间的质的内在联系及量的比例关系[18]。产业结构升级通常是利用"政府的手"结合"市场的手",实现第一、第二、第三产业间的关系逐步合理化,较历史上的产业结构比例来讲更加优化。产业结构升级可分为合理化和高级化两个主要内容。具体来讲,产业结构合理化就是三大产业在国民经济中的占比相互协调优化,最终达到合理的比例结构。产业结构合理化后的三大产业比例将具有较强的转换能力与适应能力,比以前的产业结构更加合理,能在一定程度上有效应对千变万化的市场。产业结构高级化强调的是产业结构的层次性,从低层次向高层次的逐步演进。具体来讲，就是产业结构从传统的低级农业部门向较高级的现代工业、服务等部门转型的动态演化过程。产业结构是在外部社会、市场、自然等环境条件下，国民经济产业内部资源配置的比例，这种比例有时不适应经济发展的要求，必须通过优化产业结构才能优化要素配置，提升资源的利用率，推动经济稳定持续发展[19]。

第二节　产业转移与产业承接的条件

一、产业梯度

根据弗农的产品生命周期理论，梯度转移是区域经济发展水平差异导致的"工业区位向下层渗透"的现象，主要集中于劳动密集型产业，以此带动产业转出区域的新技术和新产业的发展与成熟。一个区域处于什么样的梯度位置，并非单纯地由地理因素决定，而是由经济社会的发展水平决定，尤其是由技术创新决定。在高梯度区域内，主要面临产业创新的问题，而在低梯度区域，主要面临产业升级的问题，即集中力量发展占主导地位的产业，实现落后地区的经济发展[20]。产业转移具有指向性，也就是说，产业梯度的存在造成产业转移，一般都是由高经济梯度转移到低经济梯度，一些在较发达地区逐渐失去比较有优势的产业会转到欠发达地区进行产业优势再利用。

二、市场机制

在市场机制充分发挥其导向作用的条件下，同时价格机制、竞争机制、供求机制发挥作用，这为产业转移与承接提供内在动力与实现手段。市场化使得经济资源根据市场竞争和价格机制自由流动，经济主体的活力充分释放，经济发展速度迅速提升。产业转移与承接是在市场化条件下产业发展的必然结果，各地区在市场化条件下纷纷发展相关产业，但由于地理区位和历史条件的差异，地区之间的产业发展速度不一致，产业门类也有所区别，市场化落后的地区通常由于要素流动困难以及各种设施的不健全难以吸引产业转入[21]。

三、经济形势

要想实现产业转移与承接的有效对接，产业转出地与转入地的经济形势要有一定的协调性与互补性，如此有效对接需要两地经济都发展到一定的阶段。例如，我国东部地区转出大量的劳动密集型产业到中西部地区（承接地），就是由于转出地的东部地区"成本倒逼"和产业结构转型升级，而承接地中西部地区又恰逢适合劳动密集型产业的生存，因此产业转移与承接水到渠成[22]。

第三节　影响产业承接的要素分析

生产要素禀赋、经济基础、发展历史、地理区位、地区发展战略与规划在各地区间的产业结构布局中具有很大的差异性。对于产业承接地而言，之所以积极承接产业转出地的产业，其原因在于：一是希望高梯度产业逐步替代承接地的低梯度产业，从而使其产业结构更为优化；二是产业转出地之所以将产业转移，主要考虑产业转出所在地面临着诸如自然资源、人力资源等日益紧张的态势，相关企业生存压力加大，继而将产业转出，解决其产业结构优化升级、居民就业、经济社会发展等问题。从上述分析可以看出，产业转出地与承接地在完成专业转移与承接的过程中，实现了两地"双赢或多赢"。根据产业转移有代表性的理论研究成果及对产业转移承接概念的深入剖析，结合近年来产业转移的实际情况，初步得出影响产业承接的要素，为以下六类：一是成本要素，包括要素成本、劳动力成本；二是市场要素，包括市场规模、市场成长性；三是投资环境，包括政府对经济的干预程度和效能、国有化程度、对外国投资态度、市场化水平、投资政策与法规、贸易壁垒因素；四是产业配套能力，包括基础设施的建设情况、承接载体规模、行业投资增幅、产业集群扩大速度等；五是技术研发水平，包括人力资源情况、资本资源情况；六是经济效益因素，包括具体产业的利润回收情况、成本与利润比等[23]。

上述关于影响产业承接的要素分析较为宏观，因此有必要借助其他学者们的已有研究成果作进一步较为深入的有针对性的分析。丁鑫等（2016）[24]

对于新疆地区承接援疆省市产业转移进行了深入的研究，他们认为，产业承接要素要考虑实际利用区外境内资金、基础设施、公共服务、市场发育程度、国际化程度、生产要素、政府基础投入资源环境、产业发展八个要素。曾颖（2014）[25]认为湖南省各市承接产业转移应考虑要素成本、市场规模及潜力、基础设施条件、人力资本情况、经济发展水平、产业发展状况、对外开放程度等要素。吴文洁等（2011）[26]认为陕西省第二产业在实现产业承接中应考虑生产要素丰裕度、市场需求大小、产业发展状况、承接地之间的竞争、经济条件、政策和制度、公众环保意识等要素。王凯霞等（2014）[27]认为新疆承接援疆省市产业转移应考虑区位商、新疆市场规模、交通运输里程、劳动力素质、劳动力成本、产业政策、企业数目等要素。贾兴梅等（2015）[28]认为中西部地区在承接东部发达地区产业转移中应着重考虑资本存量、经济规模、劳动力成本、人力资源和路径效应等要素。曹薇等（2021）[29]认为金融发展和资源禀赋两要素在区域承接产业转移中起到关键作用。谢媛（2018）[30]从提升区域产业转移对承接地自主创新溢出影响的角度提出经济发展水平、人力资本水平、交通基础设施和对外开放程度四要素都会影响区域产业转移水平和自主创新成效。

根据上文对相关文献的梳理，学者们对于产业承接主要影响要素的关注点在近十年发生了较为明显的变化，之前关注的影响要素偏向于区域综合能力指标，而在2020年后更着重关注于明确的单一能力指标，所以本书认为，应主要考虑经济增长、就业效应、产业结构优化、技术溢出、创新效应、环境效应等要素。

第四节 产业转移与承接的动力机制

一、产业转移的动力机制

产业转移的动力机制包括两个方面：一是产业转移的基本动因，即驱动产业转移的推动力是什么；二是产业转移的区位选择影响因素，即产业承接地靠什么来吸引产业转入。

（一）产业转移的基本动因

以经济问题视角研究产业转移动因，可以从区域、产业、企业三个不同视角进行阐述，从而得出产业转移的空间动因、经济动因和行为动因[31]。

1. 空间视角下的产业转移动因：区域间的相互作用机制

就某个视角来讲，产业转移就是区域经济发展到某种程度，区域之间通过各种经济联系相互作用的结果。因此，从空间视角分析产业转移动因可以从产业转出地和产业承接地之间的相互经济作用开始。由于产业转出地与承接地存在着诸如资源禀赋、劳动力、区位条件、市场、技术水平、宏观制度环境等因素的差异，因此两地之间便会产生适合于某些产业发展的"位势差"，由于"位势差"的存在，使两地间的产业转移成为可能，产业会向着具有比较优势的区域空间转移。理论上来讲，产业转移之所以在两个区域空间内发生主要取决于以下两个方面：一是内在的动力与外在的压力使转移资源愿意转移；二是承接地具有产业转移的吸引力。

2. 产业视角下的产业转移动因：产业分工与比较优势

从产业视角分析，产业转移之所以会发生，一是产业分工是产业转移发生的根源，二是比较优势驱动产业转移。

3. 企业视角下的产业转移动因：企业生产转移的规律

从企业视角来看，产业转移可以归纳为以下几个方面的原因：一是企业追求利润最大化；二是市场占有率；三是效率驱动；四是公司战略；五是政策环境。

（二）产业转移的区位选择影响因素

区位选择是产业转移研究的"落地"，也是区域空间调控政策的基础。产业转移的区位选择是一个复杂的过程，受到区域外部环境和企业内部特征等的多重影响[32]，是企业内在因素以及外部因素综合作用的结果[33]。本研究结合陈晓峰（2016）[34]、李平等（2016）[35]的研究成果，认为产业转移的区位选择因素主要包括以下几个方面：

1. 市场规模

在新经济地理学中，市场规模大小等因素是可以影响产业转移的。市场规模较大的地区更容易吸引厂商建厂，企业的这种区位偏好是因为生产地接近大市场，能够节省销售过程中的运输成本和其他费用，称之为"价格指数效应"。新经济地理学认为，市场规模会影响产业利润，产业利润又影响产业在地区间的选择[36]。

2. 资源因素

不同的产业对资源有不同的依赖，如劳动密集型产业需要考虑承接地劳动力的充裕程度，还包括矿产资源、水资源等自然资源，同时也包括交通运输资源、劳动者素质、科技资源等。

3. 成本因素

要素成本是区位选择时必须考虑的主要因素，包括劳动力成本、土地成本等。

4. 经济外向度

经济外向度即外贸依存度，是反映一个地区对外贸易活动对该地区经济发展的影响和依赖程度的经济分析指标。依据凯恩斯的对外贸易乘数理论，外贸依存度是一个主体经济外向程度深浅的集中反映。

5. 优惠政策

引资发展的优惠政策及其稳定性对产业转移企业选择目标区位有着重大的影响，因而在区位选择时，必须考虑当地的法制与政策因素，如法律法规健全程度、政府及各职能部门的服务和协调机制、地方政策体系的市场化程度、税收及其他。

6. 工业基础

拥有一定的工业基础是承接产业转移的优势条件之一。虽然企业进行产业转移的主要目的是利润最大化，但是如果基础门类的工业基础欠缺，必然会影响到对迁移企业的吸引力，增加产业转移的成本[37]。

7. 科技成果转化

产业转移与承接必然给转入地带来技术转移，技术转移的一个重要形式就是会计成果转化。科技成果在研发阶段需要大量的技术人员进行创新活动，然后经过技术成果的试验和推广，这一阶段主要在科研院所、企业中进行。科技成果从研发到推广的根本目的在于产业化和商业化，进而带动转入地产业结构的优化升级。

8. 地方政府竞争

由于产业转移能促进地区经济增长，因此承接地地方政府会在产业承接过程中展开竞争。同时，资本偏好具有良好区位优势的地区，所以能够提供良好公共物品的地区比较容易吸引更多资本的流入，从而获得在下一轮竞争中的优势。而地方政府提供公共物品的能力受到当地的经济、社会、政治等因素的影响，使得地方政府招商引资的竞争力出现差异，政府竞争力强的地区获得的产业转移量就更多，经济增长速度也就更快[38]。

9. **配套服务**

作为产业承接地，产业配套能力的强弱主要表现在地区基础设施、服务意识、服务功能、物流体系、信息咨询等方面。

二、产业承接的动力机制

我国正处于不断推进京津冀协同发展的阶段，特别是雄安新区的设立更将京津冀协同发展推向新的高度。通过对不同国家和地区产业承接情况的对比分析可知，产业承接动因主要分为以下几个方面，如图2-3所示[39]。

（一）承接地通过承接产业转移实现当地的经济发展

如前文所述，产业承接地一般处于低经济梯度层次，通过高经济梯度地区的产业转移，实现低经济梯度地区的产业升级及经济结构转型，进而促进承接地的经济发展。例如，我国皖北地区通过近些年承接长三角地区的产业转移，实现了经济的快速增长。

（二）承接地需要发挥其要素禀赋的优势

不同区域有着各自不同的产业承接优势，诸如劳动力、区位优势、自然资源等，为了实现产业的转移与承接，承接地就要充分发挥上述优势。

（三）承接地依靠产业转移实现投资环境的提升

承接地往往通过改善基础设施等硬件条件，优化当地的投资硬环境。而软环境的优化则是通过转入产业对于当地产业施加影响，实现转入地投资软环境的优化。

（四）承接地通过"换道超车"解决传统产业结构性矛盾突出问题

例如，地处西部地区的贵州省正是通过"换道超车"，大力承接以腾讯、阿里巴巴为代表的大数据产业，近几年，贵州省的大数据产业异军突起。动态比较优势理论的产生，进一步丰富了比较优势理论的内涵，不断变化的地区比较优势成为产业区域转移的重要动因。

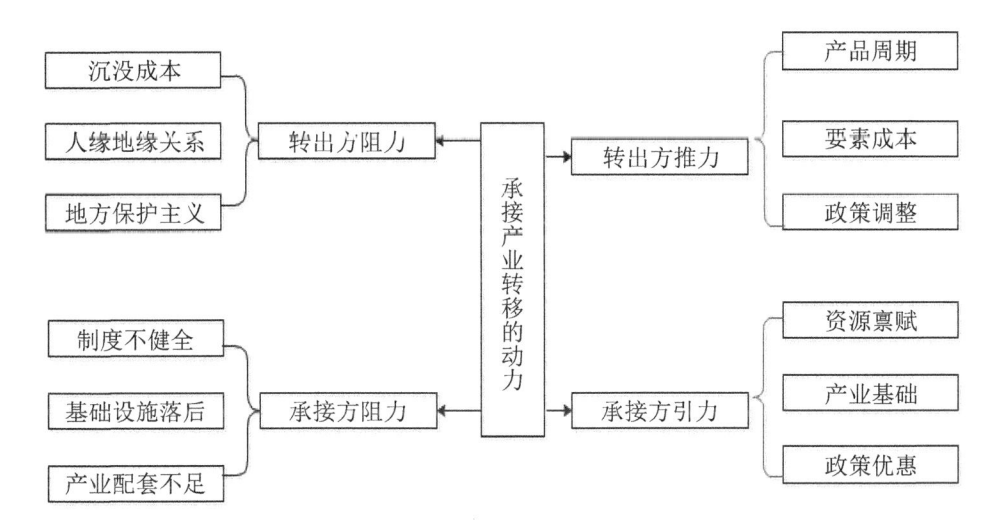

图 2-3　产业承接动力机制示意图

第五节 理 论 基 础

一、比较优势理论

传统比较优势理论最早可以追溯到亚当·斯密的绝对成本论。在绝对成本理论的基础上，大卫·李嘉图提出了比较优势贸易理论，紧接着，赫克歇尔·俄林又提出了要素禀赋理论。上述这些理论的提出，都属于静态比较优势理论。后续，威尔斯提出了经济落后国家对外产业转移的相关理论，Helpman 等（1985）[40]提出了包括新贸易理论在内的系统分析框架，对传统优势理论进行了拓展。Grossman 等（1989）[41]将原来的静态分析演化为动态分析。发展至 20 世纪 90 年代，Porter（1990）[42]提出了竞争优势理论，提出了包括生产要素、国内需求、相关和支撑产业、企业战略结构和竞争四个核心要素与国家机遇及政府作用两个辅助要素在内的竞争优势"钻石模型"，他提出的竞争优势理论实际上从比较优势的动态演变来诠释比较利益的变化，为研究产业转移提供了新的视角。

二、产业梯度转移理论

产业梯度是在经济梯度概念的基础上提出的。产业梯度理论产生于 20 世纪 60 年代，是由弗农、威尔伯等人提出并完善形成的区域经济理论。其理论基础是产品生命周期理论和区域生命周期理论。戴宏伟等（2003）[43]

认为，产业梯度是由于国家或地区间生产要素禀赋差异、技术差距、产业分工不同而在产业结构水平上形成的阶梯状差距，并将其区分为"绝对梯度""相对梯度""间接梯度""直接梯度"等概念。赤松要（Kaname Akamatsu）（1973）[44]提出的"雁型产业发展模式"实际上是一种动态的产业梯度转移理论。产业梯度转移是产业梯度较高的国家或地区将本地区已经或正在失去比较优势的产业逐渐向产业梯度较低的国家或地区转移，以实现低梯度国家和地区资源优化配置、结构优化升级的过程。尽管产业转移依赖很多因素，但其根本原因在于产业梯度的存在，产业转移不但会促进转出地产业结构的优化与升级，同时承接地也会提高区域内的产业结构层次和技术水平等。

三、增长极理论

该理论是由法国经济学家佩鲁（Perroux）于20世纪50年代提出的，该理论认为，一个国家实施平衡发展在现实上是不可能的，经济增长通常是从一个或数个增长中心逐步向其他部门或地区传导，政府应通过倾斜投资政策，有意识地培养某个产业（支配企业）或城市（地区）作为经济"增长极"，带动相关产业和地区经济的整体发展。也就是说，在一国或一地区的经济发展过程中，一些城市或某些特定区域集聚了某些主导部门或具有创新能力的行业、企业，形成资本、技术的高度集中，就是所谓的"增长极"。增长极理论强调区域发展中的"极化作用"，主张依靠政府的力量及外来企业的牵引和外部技术的投入进行重点投资从而出现增长极。增长极的经济发展会对周围地区产生两方面的影响：一是极化效应（也称为回波效应）；二是扩散效应。极化效应表现为增长极对周围地区的资源产生吸引力而使周围地区的劳动力、资金等要素资源流向增长极。极化效应一方面迅速扩大极点的经济实力，形成极点的规模效应，促进了增长极的发展；另一方面由于吸纳了周围的生产要素，会抑制周围地区经济的发展。扩散效应指增长极地区发展到一定程度后，规模经济开始弱化，为了获得进一步的发展，增长极地区的生产要素向周围地区回流，从而带动周围地区的经济发展。起初，增长极的极化效应大于扩散效应，表现为增长极的快速发展；当增长极中生产要素的规模达到一定程度，出现外部经济下降甚至规模不经济时，极化效应将减弱，扩散效应将增强，表现为增长极发挥辐射带动作用，推动周围地区的经济发展[45]。

四、协同论

协同论始于德国物理学家赫尔曼·哈肯和美国战略管理学家安索夫。协同论的主要内容包括三个方面：一是协同效应，是指复杂开放系统中大量子系统发生协同作用而导致了整体效应的最大化，即1+1+1>3。例如，京津冀三地大气联防联控机制的形成。二是伺服原理。伺服原理用一句话来概括，即快变量服从慢变量，序参量支配子系统行为。它从系统内部稳定因素和不稳定因素间的相互作用方面描述了系统自组织的过程。例如，在《京津冀协同发展规划纲要》中，近期目标和中期目标都是强调首都北京如何控制人口和实现非首都功能的疏解，最终目标则是强调三地交通、产业和生态的总体发展质量良好。三是自组织原理。自组织是指系统在没有外部能量流、信息流、物质流注入的条件下，其系统内各子系统间会按照某种规则自动形成一定的结构或功能，具有内在性和自生性特点。例如，如果没有党中央关于京津冀协同发展的顶层设计和规划蓝图，三地间的"一亩三分地"的思维定式还会延续[46]。

五、博弈论

博弈论是研究多个人针对他人的策略而改变自己策略的问题。博弈论中至少要有两人以上进行博弈，每一方都会根据现有的条件与发展趋势作出对自己最有利的决策。博弈论的基本要素包括：参与人、各参与人的策略集以及各参与人的支付函数。参与人是指博弈中的决策者，每个参与人的目标都是选择一个期望最大化的策略，对于参与人的要求是要具有行为选择能力，并且能够对博弈的结果负责。博弈论的假设主要包括：博弈参与人是理性的，完全理性是共同知识，每个参与人被假定为对所处环境及其他参与者的行为形成正确信念与预期。博弈论有多种分类，可以分为合作博弈和非合作博弈。合作博弈和非合作博弈的区别在于相互发生作用的当事人之间有没有一个具有约束力的协议，如果有就是合作博弈，如果没有就是非合作博弈。从行为的时间序列性看，博弈论进一步分为静态博弈、动态博弈两类。静态博弈是指在博弈中，参与人同时选择或虽非同时选择但后行动者并不知道先行动者采取了什么具体行动；动态博弈是指在博弈中，参与人的行动有先后顺序，且后行动者能够观察到先行动者所选择的行动。通俗地理解，"囚徒困境"就是同时决策的，属于静态博弈；而棋牌类游戏等决策或行动是有先后次序的，属于动态博弈。按照参与人对其他参与人的了解程度分为完全信息博弈和不完全信息博弈。完全信息博弈是指在博弈过程中，每一位参与人对其他参与人的特征、策略空间及收益函数有准确的信息；不完全信息博弈是指如果参与人对其他参与人的特征、策略空间及收益函数信息了解得不够准确，或者不是对所有参与人的特征、策略空间及收益函数都有准确的信息，在这种情况下进行的博弈就是不完全信息博弈[47]。

六、其他理论

除了上述理论之外，其他理论还包括巴卡提尼（Bagnasco）在 1977 年提出的新产业区概念[48]、克鲁格曼（Krugman）在 1991 年提出的新经济地理理论[49]、赫希曼（Hirschman）提出的"核心－边缘"理论[50]、缪尔达尔（Myrdal）提出的"二元经济结构"理论[51]。

第六节 产业承接模式

选择合适的产业承接模式是保证承接地经济快速发展的基础,而如果承接模式选取不当,会导致事倍功半,很难甚至无法达到预期效果。科学的、合理的产业承接模式是产业承接成功的关键性因素,主要选择满足产业发展内部规律的产业承接策略,具有前瞻性、针对性、可操作性的产业承接规划,通过承接带来的新技术、新思路制定的产业承接面板以及具有创新性的产业承接模式,进而实现承接地的发展与变化。根据相关产业承接研究成果,其模式主要有以下几种[52-55]。

一、整体迁移模式

将衰退的产业整体迁移出去成为产业转出地经济发展的方式这一。引起产业进行整体转移的因素有:企业的发展处于边际成本大于边际收益的阶段,出现发展更好的新兴产业来替代。产业整体转移一般是发达地区将衰退产业相关的技术、设备、管理和人才转移至欠发达国家或地区,这对于承接地来说,不仅带来了直接投资,而且有装备的承接,还包括先进的技术、管理经验,有助于欠发达地区的经济发展。例如,根据工信部等制定的《京津冀产业转移指导目录》的要求,北京有信息技术、装备制造、商贸物流、教育培训、健康养老、金融后台、文化创意、体育休闲八大产业需要整体转出。整体迁移后,有研究显示[56],河北省制造业规模扩张最大，水利、环境和公共设施管理业等居民服务业规模扩张较小。短期来看，通过选择不同承接产业调整河北省产业结构的作用减弱，但同一承接产业的产业结构调整作用增强，且各产业产出规模变动在不同情景下存在差异；长期来看，产业转移技术溢出效应的发挥有利于河北省通过承接产业转移促进产业结构升级。

二、内部一体化承接模式

内部一体化是指企业内部的部门在采购、生产、销售等环节中不仅仅考虑部门的利益，更重要的是着眼于企业的综合利益，借助信息沟通渠道、现代高新技术，通过部门间的有效沟通与互动，真正实现企业内部部门间职能的无缝衔接，最终提高企业的整体竞争实力。在产业转移与承接过程中，企业内部一体化表现为发展较快的大企业通过兼并、重组等途径，将其先进的科技、设备、人力等生产要素转移至有发展潜力的承接地企业，使承接地的企业得到快速发展，进而带动转入地地区的经济发展。例如，有学者在以广西为例进行研究时认为[57]，内部一体化承接模式不失为广西升级珠三角产业转移的一种模式，因为该模式可以使广西的企业克服技术及资金等要素的缺乏、管理水平低下的问题，发挥广西劳动力丰富的比较优势，通过引进珠三角地区的企业参与广西企业的改制、改造，输入先进技术，直接促进广西企业技术水平的提高，有利于广西经济的进一步发展。广西一些缺乏竞争力而又与珠三角企业存在竞争关系的企业可以采取该种模式，实现双赢。企业内部一体化模式的成功运用，能够带动以中小企业为依托的上下游产业的转移，带动广西中小企业的发展，甚至会产生产业的关联带动作用。带动作用是产业转移的重要功能，它将在很大程度上促进广西整体经济的发展。广西与珠三角企业内部一体化模式是通过要素嫁接实现存量激活。存量激活是指吸引珠三角地区企业参与广西一些已经停产倒闭、濒临倒闭或缺乏活力的企业的挽救、改制，将这些资产激活，使其获得重新组织生产经营的能力。要素嫁接是指将外地的高级生产要素（特别是技术、资金和高级管理者或企业家）与本地的企业结合，救活、做大本地的企业，起到带动区域经济发展的目的，其实质就是生产要素的社会流动过程。在企业合并中，企业的全部或主要的生产要素将发生整体的流动，通过要素嫁接实现区域空间结构重组，企业是实现区域空间结构重组的真正主体。各类不同类型的企业通过资产经营实现产权重组和空间重新布局，从而最终实现空间结构重组，使区域呈现出新的空间结构景观。

三、梯度与逆梯度承接模式

产业梯度转移是在禀赋供给或市场需求产生改变的背景下，产业由一个地区向另一地区转移的过程。这一过程的转移主体是企业，企业将产品生产由高梯度地区逐步转移至低梯度地区，表现为一定的梯度规律。刚开始，从劳动密集型产业开始转移，接着慢慢转向资本密集型、技术密集型产业。根据地区划分，最初从经济发展最快的地区向经济发展较快的地区转移，最后由经济发展较快的地区转移至经济发展较慢的地区。例如，有学者认为[58]，经济发达地区和欠发达地区之间存在经济梯度，湖南省永州市之所以成为承接珠三角产业转移的地区，就是根据梯度推移理论。永州市具有承接产业的合理梯度，符合产业转移的分布规律；永州市刚进入工业化中期，与珠三角地区具有明显的产业梯度，产业转移从相对发达地区转移至欠发达地区再转移至发展中地区，逐层推进。同时，还有学者认为[59]，简单套用产业梯度转移模式设计区域协调发展战略路径可能会陷入梯度陷阱，形成承接地产业升级阻滞，主要基于四方面的原因：一是既有产业分工格局导致承接地生产要素地段锁定；二是集群网络中跨国公司战略"隔绝机制"形成技术封闭；三是产业转移对象片段化挤压承接地产业技术提升空间；四是转移产业生命周期处于蜕变创新阶段，增大了承接地产业技术的升级难度。重庆市承接电子产业转移就属于逆梯度承接模式。中西部地区承接产业转移模式的创新，主要实现以下几个突破：一是突破点式承接，这是因为目前中西部地区承接沿海地区产业转移，会存在承接的只是制造业中某个加工环节的情况，这种点式承接模式使得发达地区居于价值链的高端，恰与处于价值链低端的中西部地区相互嵌套，使得中西部地区位于价值链的孤立环节，从而形成价值链高端与低端的竞争，中西部地区难以摆脱弱势地位。二是要突破低端承接。低端承接会形成落后地区对发达地区的新型依附关系，陷入一种低级生产要素与高级生产要素的竞争，反而加大地区差距。三是要突破被动承接。梯度转移是高梯度地区产业向低梯度地区转移，承接地往往处于被动地位，造成低梯度地区对于高梯度地区的依赖关系，使得承接地产业无序发展、盲目发展、低效发展。

四、集群转移承接模式

集群转移模式本质上是产业整体转移。该模式是一整条产业链的转移，表现为产业结构的阶梯性。我国现阶段的经济发展进程要求东西部地区进行产业结构优化升级，表现为高阶段产业代替低阶段产业，集群转移模式为高阶段产业的发展提供了更大的空间，也为低阶段产业的结构调整与优化创造了有利条件。一些产业通过引进龙头企业，发挥产业集聚效应，从而吸引大量配套产业链企业来落户。因此，对于产业链较长的产业，可以选择这种转移模式来实现转移，而承接地都倾向于这种转移模式。例如，工业园区的建立就是为这种承接模式提供充足的发展空间，而这种模式不仅仅将产业转移过来，还在原有产业融合上起到了推动作用，更有利于转入产业与原有产业间建立起竞争合作的发展关系[60]。例如，重庆的西永微电子产业园垂直整合，建立产业链上下游集群，基本形成了以集成电路、电子产品、软件研发及服务外包为主的三大信息产业集群，被授予"国家电子信息产业基地""国家服务外包基地城市示范区""国家加工贸易梯度转移重点承接地""国家高技术产业（信息产业）基地""国家知识产权示范园区"等称号。

五、其他的产业承接模式

上述四种模式是当前在产业转移与承接时大多数区域会选择的模式。但还存在其他类型的模式，例如自20世纪50年代起，国际产业转移已经从单一的国际贸易发展到国际直接投资、服务外包和战略联盟等形式，这一发展在国际产业转移的进程中发挥了积极的推动作用[61]。我国中西部地区存在着以园区和政府为基础的四种承接模式，包括"政府补贴＋贸易便利"模式、"禀赋优势＋统一规划"模式、"交通基建＋产业配套"模式和"精品园区＋龙头企业"模式[62]。在一些区域内，也会存在适宜本区域的产业承接模式，例如，位于我国中西部的西咸新区会存在全产业链的临空经济产业园集成模式[63]。广东省韶关制造业存在着"链环分解，迁移复制""精细专工，本土采购""对口帮扶，共建园区"三种产业转移承接模式[64]。当然还存在着诸如亚洲"四小龙"产业承接模式[65]、珠三角产业承接模式[66]、"城市圈"产业承接模式[67]、"工业园区"产业承接模式[68]等多种模式。

上述列举的这些产业承接模式是在20世纪以来，国际上产业转移主要发生在劳动密集型、资本密集型、技术密集型和知识密集型产业形势下而出现的。各个国家或地区陆续衍生出了"腾笼换鸟"式、规模扩张式、战略布局式、价值链布局式等模式，这些模式在实行过程中取得了明显的成效，带动了当地经济的发展。这些模式背后，大多是基于传统产业转移理论的，例如产业梯度论。但其中，各模式之间的界限并非泾渭分明，可能会出现两种或多种模式交叉应用，也会出现有悖于传统理论的模式，例如在后文中分析的重庆产业承接模式。这说明，区域在选择哪种产业承接模式时，既要考量有无成熟模式可供直接应用，又要考量对于传统模式的创新。

第七节　常见的产业转移与承接发展路径分析

一、从东部沿海发达省份向中西部欠发达省份转移

"十二五"期间,由东部沿海发达省份向中西部欠发达省份发生的产业转移,是以国务院颁发的《国务院中西部地区承接产业转移的指导意见》为标志的。从由东到西的产业转移来看,东部地区的产业转出地大多呈梯度推进的转移规律。在产业层次方面,主要表现为转移的是劳动密集型产业(如纺织等,例如在 1995—2015 年期间,中国纺织业整体上经历了先向东部集聚,后逐渐向中西部转移的过程)与资本密集型产业(如石化、钢铁等,例如工信部在《产业转移指导目录(2012 年本)》中指出,钢铁产业由东部向西部转移,但在《产业转移指导目录(2018 年本)》中划定了全国各省市钢铁产业转移红线,辽宁、京津冀、上海、江苏、山东、广东、湖南、山西、安徽、河南、湖北、贵州、青海、新疆等不再承接)居多,再者是层次较低的技术密集型产业(电子元器件组装等,据已有资料显示,2007 年以来部分电子元器件组装企业已开始由东部向中西部转移)。东部地区的产业转出表现出阶段性、梯度性和综合性的特点。首先,阶段性是指东部产业的转移是从体力劳动逐渐过渡到脑力劳动的,它的转移从劳动密集产业开始,随后有资本和技术密集型产业的转出,直到后来的知识密集型产业,依次转移。其次,梯度性特征的产业转出,指的是东、中、西三个地区由于经济发展水平的不同,形成了由高到低的经济梯度,而这个经济梯度便是产业由东部地区

转向中西部地区的现实基础。最后，综合性是指所转出的产业都表现为劳动力、资本和技术等生产要素的整体转移[69]。

二、同一区域内发生的发达地区向欠发达地区的转移

同一区域内发生的发达地区与欠发达地区的产业转移，主要表现为同一区域内的经济欠发达地区所具有的较低成本的劳动力、区位等相对优势。如发生在20世纪90年代末到21世纪初的浙江省永康市（浙江省金华市代管县级市）将五金产业转移至省内经济欠发达地区武义县（隶属于浙江省金华市）的"边际渗透型"。虽然武义与永康均隶属于金华市，但在当时来讲，武义县由于第二、第三产业发展迟缓，经济总量与永康相比，一直处于较低水平。永康当时大力发展现代五金业，成为远近闻名的"五金之乡"。武义县提出了利用"洼地效应"，即"挖渠引水"，主动接受发达地区（永康市）的产业辐射带动。为此，武义县当时的做法主要是，其一，充分宣传和利用本地的资源优势，由于经济相对欠发达，虽然与永康同属一个区域，但武义的土地出让费用仅为永康等地的三分之一到四分之一，劳动力价格仅为永康等地的三分之二到二分之一，对于吸引周边发达地区企业来此投资是非常具有吸引力的；其二，外地来武义投资兴业者，在政策允许的范围之内给予适当的税收减免；其三，武义县政府为外来投资者提供高效优质的服务。这种"边际渗透型"的产业转移已被证明是可行的，最典型的就是永康机电、五金产业向武义的转移。据统计，在武义资源优势的吸引和政策的鼓励下，仅1999年，永康就有14个乡镇的58家企业向武义转移，2000年第一季度，永康全市又有10多家企业到武义征地，投资兴建加工基地。转移企业主要集中在武义靠近永康市的桐琴、泉溪、武阳等镇。这些乡镇，除了有和永康山水相连的区位优势以外，当地政府部门采取得力的政策措施，吸引永康企业来本地投资办厂也是一个重要的因素。武义的桐琴镇为了吸引永康企业来本地，专门创

办了凤凰山工业小区，为永康 5 家电动工具企业和 1 家铜业企业提供了 17.2 万平方米的土地，土建工程投资达 2000 多万元。永康某电器厂来该地兴办企业后，征地 1.7 万平方米，投资 260 多万元，仅 1999 年前 10 个月出口额就达 3810 万元，自营出口 166 万美元，成了当地的重点企业、纳税大户。又如武义泉溪镇创办的黄山头工业小区，吸引了永康 10 多家企业来此，1999 年产值达 3.6 亿元，比上年增长 12%。据统计，由于永康五金企业的到来，每年可为武义增添数亿元的工业产值。这对于当时每年五金产值近 200 亿元的永康来说算不得什么，但对武义经济发展的推动作用却是巨大的[70]。总结起来，同一区域内发生的产业转移，利用"洼地效应"和打破行政区域壁垒可以实现产业转入地与转出地的"双赢"。

三、从城市向农村转移

城乡产业转移是指城市某些产业向乡村转移的现象或过程。由于城乡经济、技术和要素禀赋不同，导致了产业从高梯度的城市向低梯度的乡村进行转移，其产业转出地主要是经济发达的城市，如北京市城区向其远郊区县发生的产业转移。《中共北京市委北京市人民政府关于区县功能定位及评价指标的指导意见》（2005 年 5 月 30 日）显示，北京市四大功能区的城乡产业转移，即四大功能区包括首都功能核心区（东城区、西城区、崇文、宣武区）、城市功能拓展区（海淀区、朝阳区、丰台区、石景山区）、城市发展新区（昌平区、顺义区、通州区、大兴、房山区）和生态涵养发展区（门头沟区、平谷区、怀柔区、密云县、延庆县）。另据 2002 年 5 月北京市政府编制的《北京城市总体规划（2004—2020 年）》显示，该规划提出了到 2020 年北京市的城市空间布局：构建"两轴-两带-多中心"的城市空间结构，其中"两轴"是指沿长安街的东西轴和传统中轴线的南北轴；"两带"是指包括通州、顺义、亦庄、怀柔、密云、平谷的"东部发展带"和包括大兴、房山、昌平、延庆、门头沟的"西部发展带";"多中心"则是指在市域范围内建设多个服务全国、面向世界的城市职能中心,提高城市的核心功能和综合竞争力,包括中关村高科技园区核心区、奥林匹克中心区、中央商务区(CBD)、海淀山后地区科技创新中心、顺义现代制造业基地和亦庄高新技术产业发展中心等。首先,城市功能拓展区各区县的第一产业将逐渐消失,城市发展新区的第一产业也会随着城市化的进行而大量向外转移。生态涵养发展区各区县在积极发展第一产业的同时,贯彻落实政府提出的"拓展京郊农业功能,改善首都生态环境,建设都市农业"的目标,大力发展生态农业、都市农业,为北京市的农产品供应、生态旅游以及环境保护作出贡献。其次,北京市的第二产业同样是由内向外进行城乡转移的,城市发展新区及生态涵养发展区的第二产业发展具有相对优势,承接了首都功能核心区及城市功能扩展区第二产业的转移,并且这个转移趋势将会在可预见的未来继续保持下去。这一转移趋势也符合北京城区重点发展服务业及高新技术工业的产业发展要求。再次,第三产业方面,交通运输、仓储和邮政业是城市发展新区第三产业发展的一个侧重点,同时城市发展新区作为北京市中心区人口的疏散地,房地产业、居民服务业、教育等服务业部门也有较好的发展前景。总结起来,首都功能核心区要重点发展金融业、文化创意产业等生产性服务业;城市功能拓展区应重点发展信息服务业、知识服务业与高新技术产业等新兴服务业;城市发展新区要以开发区为核心构建自身工业体系,发展关系民生的相关服务业;生态涵养发展区要重视环境保护,实现都市农业与相关服务业有机结合[71]。城乡产业转移的发生,一是基于满足城市发展的功能定位,如上述北京市建设国际大都市目标的需要;二是城乡产业布局的需要,如2005年的北京首钢决定将其生产基地迁至河北曹妃甸,而总部和科研机构仍留在北京。

第三章
相关文献综述

第三章 相关文献综述

当前,京津冀协同发展势头迅猛,这其中,转出地产业与转入地产业如何做到协调发展以形成不同的产业格局,具有重要的意义。本章对国内外学术界关于产业转移及承接的研究进行综述,以便为后续研究的展开奠定基础。

第一节 国外产业转移与承接的研究现状

国外学者对于产业转移与承接的研究,始于亚当·斯密和大卫·李嘉图,他们提出的绝对利益理论和比较成本理论,为产业转移理论研究奠定了基石[72]。阿瑟·刘易斯(1984)[73]分析了劳动密集型产业将由发达国家转移到发展中国家。Raymond Vernon(1966)[74]认为发端于创新的产品及其生产技术的生命周期变动导致了产业梯度转移,即生命周期理论。U. Walz(1996)[75]认为地方的经济增长起因于产业部门的地理集中所表现的持久的生产率增长,他进一步认为,区域经济一体化会导致递增的生产与产品创新的区域集中。赤松要在1936年、1957年和1965年提出并完善的"雁行模式",其主要表述了后起国家内部产业发展的顺序和走向高度化的具体途径和过程[76]。小岛清(1987)[77]依据日本的实践,提出对外直接投资应从投资国已经处于或即将处于比较劣势的产业即边际产业依次进行,即边际产业扩张理论。Andrea Ginzburg 等(2005)[78]提出工序之间的国际产业转移。Cantwell John 等(2002)[79]提出技术创新产业升级理论,Sanjaya Lall 等(1984)[80]提出技术地方化理论等。Richard E. Caves(1974)[81]指出,国际间产业资本跨国流动所产生的溢出效应可以提高转入地的产业生产率。

Magnus Blomström 等（1994）[82]认为在墨西哥投资的美国跨国公司可以提高技术转入地墨西哥制造业企业的生产率，Holger 等（2000）[83]持有相同的观点。Yuen Yuen Ang（2017）[84]认为，由我国沿海地区向西部地区的产业转移不仅有利于区域经济的增长，还有利于增强国家竞争力。Harold Hatelling（1929）[85]提出的要素丰裕度变化表明，产业转移是必然现象。Malcolm Dowlinga 等（2000）[86]提出的"中心－外围"理论丰富了不平等经济体下的政策主张，这一核心思想在雁阵转移分工理论中得到具体贯彻。Kiyoshi Kojima（2000）[87]认为，产业承接作为接收转移的必然工作，其在数量和质量上的承接差异对一个国家走模仿式创新还是自主式创新的道路选择起交叉作用。Edmund R.Thompson（2003）[88]以我国香港地区服装产业的转移为研究对象，对产业梯度转移进行了分析。John H. Dunning（2009）[89]基于国际生产折衷理论把所有权优势、内部化优势及区位优势纳入产业承接综合考虑中，认为不同国家之间之所以有不同的产业承接效果，与前述三种优势的此消彼长有关。Glenn Ellison 等（1999）[90]对产业转移模式和效应进行了分析，认为产业承接地的资源丰裕度是模式选择的决定因素。

除了以上的视角外，产业转移与承接一般都会伴随着 FDI（外商直接投资）的形式。Duncan Campbell（1994）[91]认为，FDI 对于产业转入地在就业数量上影响不大，但可以提高转入地就业者的工资待遇和优化就业结构。David Williams（2003）[92]通过分析 FDI 的进入方式和来源等，发现对产业转入地劳动力需求的影响上，主要表现为就业结构的变化。Sergio Mariotti 等（2003）[93]发现，在意大利同一地理位置的地区，FDI 对于国内劳动强度的影响在纵向投资的情况下存在负面影响，特别是较小的公司在较不发达地区对于发达地区进行投资，而对在发达地区寻求横向和市场投资存在正面影响。Christoph Ernst（2005）[94]在调查了阿根廷、巴西和墨西哥后认为，发生在 20 世纪 90 年代上述国家的产业转移对于其就业数量的拉动效果并不明显。Hamidah Muhd Irpan 等（2016）[95]分析了马来西亚 1980—2012 年间的数据后认为，FDI、外国务工人员数量和 GDP 对于其失业率有着重要影响。

综合以上文献分析，国外学者关于产业转移与承接方面的研究主要呈现以下几个特点：一是从其形成的动因来研究；二是就产业转移的模式与规模进行研究；三是基于效用理论与实践方面的研究；四是产业转移必然伴随着技术转移；五是产业转移大多能够带动提高转入地企业的生产率。

第二节 国内产业转移与承接的研究现状

与国外的研究现状相比,我国学者关于该方面的研究成果同样较为丰富。经过对现有文献的梳理发现,我国学者对于该方面的研究是从多视角进行分析的。一是产业转移理论与现状分析。赵淑琪(2012)[96]以安徽省皖北地区为研究对象,对该地区产业转移承接能力进行了综合评价研究。柴元春(2012)[97]对皖北地区承接长三角地区产业转移进行了研究,其认为,积极主动地承接发达地区的产业,是皖北地区经济发展的重要手段之一。胡承龙(2012)[98]同样对皖北地区承接长三角产业转移进行了研究,其发现,在承接长三角产业转移的2001—2011年期间,皖北地区的平均经济增速已经超越了长三角地区。秦艳波(2012)[99]对重庆承接东部产业转移的相关问题进行了研究,并分析了重庆适合承接的东部产业。唐树伶(2016)[100]通过对河北省产业转移承接的现状分析,提出了河北省的产业转移升级应成为重点突破的领域。二是基于产业梯度论进行的分析。马堃(2012)[101]利用产业梯度理论对重庆承接产业梯度转移的重点进行了分析。贺曲夫等(2011)[102]根据珠三角、长三角和京津地区产业梯度和相对产业梯度,分析了各省区所需重点承接的产业。胡丹等(2014)[103]在分析了我国31个地区的39个工业产业的梯度系数后,探析了湖北省承接产业梯度转移的产业选择和区域布局。三是对于产业承接地的产业承接能力进行了研究。金浩等(2015)[104]就河北省在京津冀协同发展中的产业承接力进行了分析。苏华等(2011)[105]构建了产业承接能力评价指标体系,通过熵值法对我国内地产业承接能力进行了量化分析，得到区域间产业承接能力差异明显且呈块状分布的结论。沈羽嚞等（2016）[106]测算了京津冀三地重点行业的结构偏离份额及竞争力偏离份额，确定出京津地区需要转移的产业和河北地区承接的产业。魏丽华等（2014）[107]以河北省承接临空产业为例，对京津冀协同发展背景下的河北省产业布局进行了分析。谷聪等（2013）[108]对河北省承接京津产业转移中的优势与障碍进行了分析。吴宇等（2016）[109]通过对河北省白沟大红门市场的调查，就河北省承接产业转移进行了研究。李淑香（2005）[110]对河南省承接区域产业转移进行了实证研究。刁文杰（2015）[111]针对河北省各地市的产业承接能力进行了实证研究。胡书金等（2013）[112]在分析河北省承接京津产业转移可行性的基础上，提出了河北省承接京津产业转移的对策建议。四是一部分学者将产业转移与承接和其他相关方面相联系。夏恩君（2013）[113]认为，区域间产业转移可能会造成转入地区的环境污染，这对于制定产业转移与承接政策方面，具有借鉴意义。贾仓仓（2018）[114]认为，我国劳动密集型产业转移对区域全要素生产率影响显著，其中产业转移提高了全要素生产率，降低了产业支持的全要素生产率，产业转移也会对人力资本造成影响。五是一部分学者开始关注产业承接地的承接效率（效力、效应）。徐新华等（2018）[115]以长江经济带为例，就BBC效率模型下区域产业承接效率进行了测算，结论发现，长江经济带内各省市产业承接效率整体不高，各省产业承接效率与自身经济发展不存在线性关系，总体呈现出衰退趋势，上海市和重庆市产业内生性较显著。陈刚等（2001）[116]利用C-D生产函数结合半参统计方法对跨地区全要素生产率进行分析，认为产业转移效应取决于3个效应之和，其中发展效应是产业承接效率重点考虑来源。邱小云等（2018）[117]就赣州市在FDI下产业转移的变化关系进行了分析，他们认为，产业转移的最终目的是实现转入地经济的内生性扩张发展。李晖等（2010）[118]采用TOPSIS法分析了大湘南地区承接产业转移的梯度系数，为积极承接产业转移提供决策依据。孙威等（2015）[119]分析了长江经济带承接产业转移的能力，揭示了产业承接能力的空间分异特征和形成机制。肖雁飞等（2014）[120]对中部六省承接沿海产业转移综合能力进行了测度，结果表明，湖北、安徽等省具有较强的综合承接能力。袁镜（2012）[121]阐述了我国西部地区承接产业转移与产业结构优化升级的内在机制、路径研究，并结合我国西部的显示基础和条件提出了相关对策建议。刘川等（2014）[122]阐述了中西部地区承接东部地区高技术产业转移的机理与要素，构建了包括产业承接载体、承接科技、承接成本和承接环境在内的高技术产业承接能力评价指标体系。吴传清等（2017）[123]发现，各城市承接产业转移的综合能力和分模块能力差异显著，省会城市、沿江城市及中游城市具有更强的产业转移绿色承接能力。于可慧（2018）[124]对京津冀产业转移效应进行了分析，其认为，河北省承接能力较强是因为具有成本优势和较高的资源环境承载力，但还需要提升技术研发能力。

再者，产业转移承接过程中的环境生态问题也日益成为学界关注的热点。包群等（2012）[125]认为，外资进入东道国污染密集型部门时必然会带来污染排放的增加，当外资进入清洁型部门时，在环境政策外生时，东道国的污染变化是不确定的，在环境政策内生时，污染排放则保持不变。邓丽（2012）[126]认为，缺乏正确理念指导的盲目不当的承接产业转移会为产业承接地长期可持续发展带来隐患。李志翠等（2013）[127]基于区域生态产业链规划视角，提出了西部地区承接产业转移过程中，应与区域产业结构调整、主体功能区建设和现代产业体系建设相结合。郑唯韡（2013）[128]利用水污染物指纹图谱技术，对发生在我国境内的产业转移造成的污染现象进行了研究，其发现，政府要重视由于产业转移造成的污染。持同样观点的还包括豆建民等[129]的研究成果。梁树广（2016）[130]以山东省为例进行了分析，从山东省东西部区域承接产业转移对工业二氧化硫和工业废水排放的影响看，在省内西部地区存在"污染避难所假说"，而在东部地区则不成立。魏玮等（2011）[131]采用我国2004—2008年转移产业中新建企业的面板数据，借助

Poisson 模型，证实了我国区际产业转移中确实存在"污染避难所效应"。王蓓（2014）[132]就生态文明视域下西部承接产业转移的价值实现机理进行了研究。何明珠（2014）[133]就生态文明视域下重庆承接产业转移的战略路径进行了研究。杜思明（2015）[134]就贵州省在产业承接过程中，要走一条生态文明的新道路进行了研究。王敏达等（2017）[135]认为，河北省在承接京津产业转移过程中，只有兼顾生态文明保护，才最符合当今社会发展的趋势。朱立萍（2017）[136]认为，目前在西部地区存在着承接产业转移过程中的环境污染加重、产城分离、重引进轻培育等问题，提出应将西部地区承接产业转移转向提升环境质量、合理产业布局、培育产业质量方面。李艳梅等（2019）[137]分析了国际产业转移对我国碳排放的影响。

除上述研究趋势外，目前关注产业转移与承接相关政策的文献数量也呈上升趋势。何龙斌（2012）[138]认为，需要从国家层面加强顶层设计，对产业的空间布局、转移项目、承接地政策以及负面效应进行统筹性的管理。朱云飞等（2014）[139]认为，应在财政政策方面建立京津冀财政政策的综合协调机制，发挥财政对竞争性和公益性两类项目的引导功能。张峰等（2015）[140]通过分析京津冀产业转移的金融需求和制约因素，提出了相关金融支持的政策建议。连季婷（2015）[141]通过依存于京津冀协同发展的河北省区域经济模型的实证分析，推出了京津冀协同发展中河北省区域经济发展策略。靖学青（2017）[142]认为，各省市需要改善软硬件环境，扩大产业转移的承接规模，采取综合性发展措施实现区域协调发展。傅为忠等（2018）[143]以中部地区承接产业转移的典型区域——皖江城市带示范区为研究对象，对示范区城市进行了工业绿色发展水平评价，并有针对性地给出了提高示范区工业绿色发展水平的对策建议。杨茜淋等（2019）[144]基于京津系统理论，构建了京津冀多区域可计算一般均衡（CGE）模型，分析了京津冀区域产业转移政策。就研究对象而言，现有文献中对于天津承接产业转移方面的成果相对较少。洪佳雨（2016）[145]认为，产业转移效应能够为天津城镇化发展带来显著的效果，并且城镇化水平能够促进产业转移。韩文琰（2017）[146]认为，天津应该在批发、医疗、教育、金融、石油化工以及贸易总部与分支方面积极承接产业转移。杨雨然（2018）[147]分析了影响天津产业转移的因素，并对天津承接北京非首都功能产业转移的路径提出建议。吕剑凤（2018）[148]认为，在天津承接产业转移过程中暴露出诸如产业和项目竞争激烈、缺乏合理的产业分工协作及辐射能力弱等问题。

就文献计量学角度来看，自2014年京津冀协同发展上升为国家战略以来，以"京津冀产业转移承接"为主题词在中国知网（CNKI）进行检索，结果显示，2014—2018年，相关研究成果数量呈逐年上升趋势，如图3-1所示。

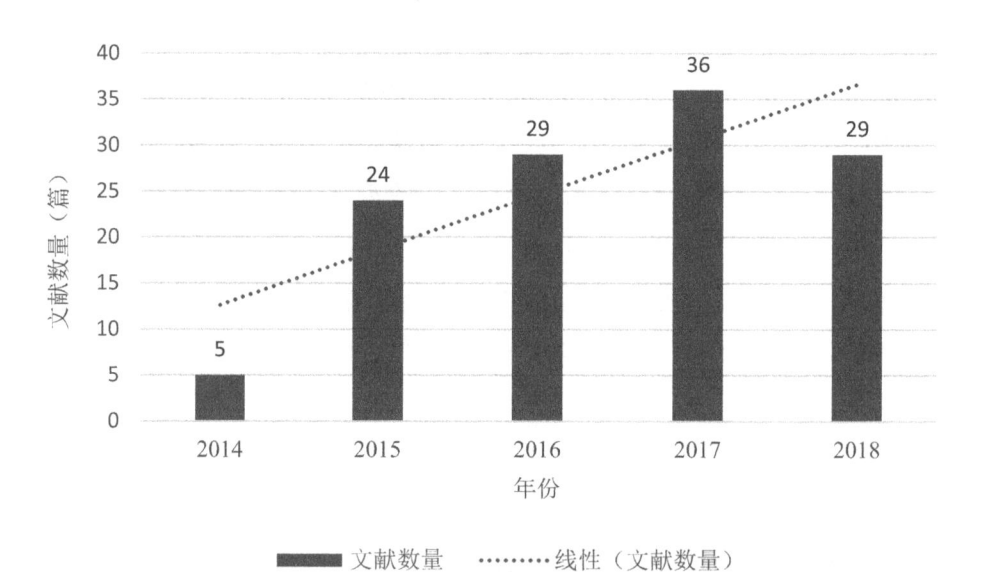

图3-1　2014—2018年CNKI以"京津冀产业转移承接"为主题的文献数量示意图

综合以上文献分析，国内学者对于该方面的研究，有理论方面的探讨，但更多的是结合区域实例（京津冀、长江经济带、皖江经济带、西部地区等）进行的实证研究。

第三节　形成的几点共识与尚待改进的问题

通过对上述国内外学者关于产业转移与承接方面的研究成果的分析,已在以下几个方面取得了共识:第一,现存的理论或模式,都在探寻适合本国实际国情的科学的产业转移与承接的路径。如果盲目地照搬国外的路径,会造成不符合我国产业结构调整的需要、不具有中国特色等问题。因此,不可能存在一个"放之四海而皆准"的产业转移与承接的选择路径。第二,我国诸如长三角、珠三角、中部及西部省区产业转移与承接路径的形成、发展、改进、成熟均与我国自身的社会经济的发展息息相关,尤其是涉及京津冀区域约21.8万平方千米如此巨大的土地面积,加之在2017年4月设立的雄安新区,所以,在该区域内产业转移与承接路径的选择就显得尤为重要了,因此,学术界对于该方面的研究还需进一步完善。

通过对现有文献资料的梳理与分析,目前尚待改进的问题也不少,主要表现在:第一,正确认识调整疏解北京的非首都核心功能。之前,北京在非核心功能方面投入了大量的资金和物力,造成了"大城市病"问题。显然,这些问题单靠北京自身解决是不可能的,必须通过京津冀三地协同发展来解决。第二,在北京转出产业中,不仅要包括与形成北京"大城市病"关联的传统产业,还要包括不具备首都核心功能的现代服务业,而这些产业的转出与承接是目前学术界研究的短板。第三,天津在承接北京不具备首都核心功能的现代服务业时,必然与同处于承接区域的河北省发生竞争合作,那么其承接路径是怎样的?

第四章

天津承接主要来自北京产业转移的现状分析

第四章 天津承接主要来自北京产业转移的现状分析

随着2014年党中央提出的京津冀协同发展上升为国家战略，以及《京津冀协同发展规划纲要》方案的出台，意味着京津冀协同发展战略进入全面布局推进的重要阶段。京津冀三地定位是推进协同发展的关键。目前，三地的功能定位已经明晰：首都北京战略定位为"四个中心"——全国的政治中心、文化中心、国际交往中心、科技创新中心；天津定位可简称为"一基地三区"，天津为全国先进制造研发基地、北方国际航运核心区、金融创新运营示范区、改革开放先行区；河北为全国现代商贸物流重要基地、产业转型升级试验区、新型城镇化与城乡统筹示范区、京津冀生态环境支撑区。2015年9月15日，天津市委十届七次全会审议通过的《天津市贯彻落实〈京津冀协同发展规划纲要〉实施方案（2015—2020年）》，明确了天津市贯彻落实《京津冀协同发展规划纲要》的指导原则、功能定位、发展目标和重点任务。这不仅从战略全局高度明确了京津冀协同发展中天津市承接产业转移的工作重心和要求，还从可操作性上规范了产业承接的目标、范围等内容。党的十九大报告指出"以疏解北京非首都功能为'牛鼻子'推进京津冀协同发展"，京津冀三地于2017年12月共同研究制定了《关于加强京津冀产业转移承接重点平台建设的意见》。该意见共有八个方面的内容，总体考虑是坚持"优化布局、相对集中，统筹推进、联动发展，改革创新、集约生态，政府引导、市场主导"的原则，立足三省市功能和产业发展定位，围绕构建和提升"2+4+N"产业合作格局，聚焦打造若干优势突出、特色鲜明、配套完善、承载能力强、发展潜力大的承接平台载体，引导创新资源和转移产业向平台集中，促进产业转移精准化、产业承接集聚化、园区建设专业化。本书所涉及的天津市承接产业转移，立足京津冀协同发展的大背景之下，主要研究的是来自京冀两地区的产业转移。

第一节　相关重要政策分析

2016年6月，工信部和北京、天津、河北等部门下发《京津冀产业转移指南》，有序疏解北京非首都功能，推进京津冀产业一体化发展，构建"一个中心、五区五带五链、若干特色基地"（简称"1555N"）。加之，2017年12月三地发布的《关于加强京津冀产业转移承接重点平台建设的意见》（以下简称《意见》），三地初步明确"2+4+46"平台，包括北京城市副中心和河北雄安新区两个集中承载地，四大战略合作功能区和46个专业化、特色化承接平台。这是三地首次联合制定的综合性、指导性文件，具有深远的意义。

一、两个集中承载地

一是北京城市副中心。

位于北京东侧，将以市属行政事业单位整体或部分搬迁，建立与城市副中心定位相适应的新兴产业体系。据北京市发改委相关负责人介绍："在北京城市副中心，将大力发展行政办公、高端商务、文化旅游、科技创新等主导产业，提高生活性服务业品质，加快产业优化升级。"其中，运河商务区将以金融创新、互联网产业、高端服务为重点，重点培育引进总部和金融产业，加强与西城金融街、朝阳CBD的对接合作和错位发展。

二是河北雄安新区。

北京将支持河北雄安新区高端产业的发展。在产业方面，北京会将雄安新区规划建设与京津冀系统推进全面创新改革试验和北京建设全国科技创新中心紧密结合，引导以中关村为代表的首都科技创新资源要素到雄安新区落地。将有针对性地培育和发展科技创新企业，支持中关村科技园与雄安新区合作共建雄安新区中关村科技园，形成联动发展的科技创新园区链。鼓励在京金融企业在雄安新区设立分支机构，发展科技金融、普惠金融、互联网金融和绿色金融，同时，支持北京市属国有企业在市政基础设施、城市运行保障等领域为雄安新区提供服务。

二、四大战略合作功能区

曹妃甸协同发展示范区、北京新机场临空经济区、天津滨海新区、张承生态功能区是京津冀四大战略合作功能区。按照"政府主导、国企带动、政策集成、资源汇聚"的思路，《意见》进一步明确了曹妃甸协同发展示范区、北京新机场临空经济区、天津滨海新区、张承生态功能区等四大战略合作功能区的产业承接方向，加快形成集聚效应和示范作用。引导钢铁深加工、石油化工等产业及上下游企业向曹妃甸协同发展示范区集聚；结合北京非首都功能疏解和区域产业结构升级，在北京新机场临空经济区重点发展航空物流产业、综合保税区和高新高端产业，打造国家交往中心功能承载区、国家航空科技创新引领区和京津冀协同发展示范区；引导北京金融服务平台、数据中心机构以及科技企业、高端人才等创新资源向滨海－中关村科技园集聚；发挥2022年冬奥会筹办的牵引作用，北京携手张家口大力发展体育、文化、旅游休闲、会展等生态友好型产业，共建京张文化体育旅游带。

这四大战略合作功能区分别是：

一是曹妃甸协同发展示范区。

以新钢铁硬汉形象出现的曹妃甸，将加快协同发展示范区建设。相关负责人表示，落实京冀曹妃甸现代产业发展试验区合作共建协议和产业发展规划，将坚持产业高端、产城融合发展方向，依托曹妃甸港口优势和产业基础，引导钢铁深加工、石油化工、装备制造、新能源部件等产业及产业链上下游企业向示范区集聚。未来，曹妃甸将加快首钢京唐二期等项目建设，促进金融、贸易、信息等生产性服务业集聚发展，吸引医疗、养老服务、旅游开发、现代农业等企业入驻，形成高端制造业与生产性服务业互促发展的循环共生产业链。京冀两地将共同争取国家级综合改革创新政策落地，积极引导各类科技创新资源向曹妃甸开放共享，促进重大创新成果在曹妃甸产业化和示范应用。

二是北京新机场临空经济区。

以北京新机场建设为机遇，结合北京非首都功能疏解和区域产业结构升级，新机场临空经济区重点发展航空物流产业和综合保税区，适当承接北京非首都功能转移，有序发展科技研发、跨境电子商务、金融服务等知识密集型、资本密集型的高端服务业，大力发展电子信息、先进制造等高新高端产业，打造国际交往中心功能承载区、国家航空科技创新引领区和京津冀协同发展示范区。

三是张承生态功能区。

《意见》内容显示，发挥2022年冬奥会筹办的牵引作用，携手张家口大力发展体育、文化、旅游休闲、会展等生态友好型产业，共建京张文化体育旅游带。整个区域将突出生态屏障和水源涵养功能，推动健康、旅游、数据存储等生态友好型产业发展。

四是天津滨海新区。

天津滨海新区，也是《京津冀协同发展规划纲要》中明确的"4+N"功能承接平台中的战略合作功能区，重点包括天津滨海－中关村科技园、临港经济区高端装备制造产业基地等多个载体，是一个综合承载平台。《意见》称，将加快建设滨海－中关村科技园。京津将落实天津滨海－中关村科技园合作协议和共建方案，共同探索设立天津滨海－中关村科技园产业发展基金，研究推动先行先试政策的交叉覆盖，率先推进全面创新改革试验举措，开展跨区域利益共享机制创新试点。

三、46个专业化承接平台

合力建设一批高水平协同创新平台和专业化产业合作平台。京津将充分发挥中关村、滨海两个国家自主创新示范区优势，对接河北要素成本比较优势和承接产业转型升级需求，支持河北创建国家科技成果转移转化试验区。将沿京津、京保石、京唐秦、京九方向，合力共建现代制造业承接平台，加快推进环首都承接地批发市场、冀中南承接地批发市场聚焦带、环首都1小时鲜活农产品流通圈等一批服务业承接平台建设。围绕首都农业结构调整，推动京津冀农业对接协作，联动发展一批现代农业合作平台。目前，共涉及协同创新平台15个、现代制造业平台20个、服务业平台8个、农业合作平台3个。

一是现代制造业承接平台（见表4-1）。

沿京津方向，将聚焦廊坊经济技术开发区、北京亦庄·永清高新技术产业开发区、天津经济技术开发区、天津滨海新区临空产业区、天津华明东丽湖片区、天津北辰高端装备制造园、天津津南海河教育园高教园、天津西青南站科技商务区、沧州渤海新区、沧州经济开发区等承接平台，引导电子信息、高端装备、航空航天、现代化工、生物医药、现代种业等产业转移承接，积极承担京津冀地区科技成果产业化功能，打造高新技术产业带。沿京保石方向，聚焦保定高新技术产业开发区、石家庄高新技术产业开发区、石家庄经济技术开发区、邯郸经济技术开发区、邢台经济技术开发区等承接平台，发挥制造基础雄厚和人口资源优势，引导汽车、生物医药、高端装备、电子信息、新材料等产业转移承接，打造先进制造产业带，建设军民融合产业基地。沿京唐秦方向，聚焦曹妃甸协同发展示范区、唐山高新技术产业开发区、秦皇岛经济技术开发区、京津州河科技产业园等承接平台，整合发挥港口资源优势，引导精品钢铁、成套重型设备、海洋工程装备、现代石油化工、汽车及零部件、生物医药、港口物流、优质农副产品加工等产业转移承接，建设沿海临港产业集群，打造产业转型升级发展带。沿京九方向，聚焦固安经济开发区、衡水工业新区、邢台和邯郸东部特色产业聚集区等承接平台，发挥沿线的土地、劳动力、农产品资源和生态环境等优势，引导食品加工、绿色食品、纺织服装、高端装备、航空航天等产业转移承接，借助北京的龙头企业、先进技术和市场渠道，建设特色轻纺产业带。

表4-1 现代制造业承接平台一览表

序号	平台名称
1	廊坊经济技术开发区
2	北京亦庄·永清高新技术产业开发区
3	天津经济技术开发区
4	天津滨海新区临空产业区
5	天津华明东丽湖片区
6	天津北辰高端装备制造园
7	天津津南海河教育园高教园
8	沧州渤海新区
9	沧州经济开发区
10	天津西青南站科技商务区
11	保定高新技术产业开发区
12	石家庄高新技术开发区
13	石家庄经济技术开发区
14	邯郸经济技术开发区
15	邢台经济技术开发区
16	唐山高新技术产业开发区
17	秦皇岛经济技术开发区
18	京津州河科技产业园
19	固安经济开发区
20	衡水工业新区

资料来源：据《关于加强京津冀产业转移承接重点平台建设的意见》整理。

二是服务业承接平台（见表4-2）。

伴随北京大红门、动物园服装批发市场的疏解，一批服务业承接平台也在推进。保定白沟新城、廊坊永清临港经济保税商贸园区、石家庄乐城·国际商贸城、沧州明珠商贸城、香河万通商贸物流城、邢台邢东产城融合示范区等承接平台，依托当地较好的集聚基础和市场氛围，引导和推动北京服装、小商品等区域性批发市场有序转移，支持建设环首都承接地批发市场聚焦带和冀中南承接地批发市场聚焦带。同时，将引导北京农产品批发市场过境物流及初加工、大宗仓储等功能向周边重点平台转移，加快构建环首都1小时鲜活农产品流通圈。京冀将推动环首都物流仓储设施整合利用，在北京周边鼓励企业建设多功能大型现代化仓储和配送设施，推动北京区域性物流中心有序转移。引导在京金融机构电子银行、数据中心、呼叫中心等劳动力密集的后台服务功能向廊坊、张家口、承德和天津市内六区等地转移。鼓励健康养老等部分新型服务业向静海团泊健康产业园、燕达国际健康城等地转移。

表4-2 服业务承接平台一览表

序号	平台名称
1	保定白沟新城
2	廊坊永清临港经济保税商贸园区
3	石家庄市乐城·国际贸易城
4	沧州市明珠商贸城
5	香河万通商贸物流城
6	邢台邢东产城融合示范区
7	静海团泊健康产业园
8	燕达国际健康城

资料来源：据《关于加强京津冀产业转移承接重点平台建设的意见》整理。

三是现代农业合作平台（见表4-3）。

现代农业合作平台也将开始联动发展。《意见》称，将围绕首都农业结构调整，推动京津冀农业对接协作，以农业科技园区为支点，联合共建环首都现代农业科技示范带,支持涿州创建国家农业高新技术产业开发区。未来,北京周边地区蔬菜、畜禽、绿色食品生产加工基地将建设起来,支持京张坝上蔬菜生产基地、京承农业合作生产基地建设,大力发展农产品冷链基础设施。引导农产品加工企业向周边地区优质原料产地集聚,推进原料生产、精深加工、回收利用等产业集聚发展。支持市属农业龙头企业建设环京农业生产基地和现代循环农业示范园。

表 4-3 现代农业合作平台一览表

序号	平台名称
1	涿州国家农业高新技术产业开发区
2	京张坝上蔬菜生产基地
3	京承农业合作生产基地

资料来源:据《关于加强京津冀产业转移承接重点平台建设的意见》整理。

四是协同创新平台(见表4-4)。

随着京津冀协同发展的深入推进,"协同创新"成为发展过程中的关键之举。未来,将建设京津冀协同创新平台15个。

表 4-4 协同创新平台一览表

序号	平台名称
1	武清京津产业新城
2	未来科技城京津合作示范区
3	武清国家大学创新园区
4	邯郸冀南新区
5	邢台邢东新区
6	石家庄正定新区
7	保定-中关村创新中心
8	白洋淀科技城
9	宝坻京津中关村科技城
10	曹妃甸循环京津示范区

(续表)

序号	平台名称
11	中关村海淀园秦皇岛分园
12	北戴河生命产业创新示范区
13	霸州经济开发区
14	衡水滨湖新区
15	清河经济开发区

资料来源：据《关于加强京津冀产业转移承接重点平台建设的意见》整理。

除上述政策之外，京津冀三地还签署了《关于推进京津冀产业协同发展战略合作框架协议》等一批框架协议，包括《文化和旅游协同发展合作框架协议》《京津冀体育产业协会战略合作框架协议》《关于打造京津冀工业互联网协同发展示范区的框架合作协议》《京津冀产业链引资战略合作协议》《京津冀区域环境保护率先突破合作框架协议》等。

四、1555N

《京津冀产业转移指南》指出，将引导产业转移和承接，充分发挥三地比较优势，形成空间布局合理、产业链有机衔接、各类生产要素优化配置的发展格局，并坚持市场在资源配置中的决定性作用，发挥政府在产业发展中的引导作用。具体是构建"一个中心、五区五带五链"。

"一个中心"即打造一个科技创新中心。依托北京的科技和人才资源优势，打造具有全球影响力的科技创新中心和战略性新兴产业策源地。承担京津冀地区产业研发、设计、服务等功能，辐射全国。以中关村国家自主创新示范区为主体，重点提升创新能力，推进高端共性技术研发和关键核心部件研制，加快工业设计、信息服务、咨询等生产性服务业发展。此外，以五个地区为依托，即北京中关村、天津滨海新区、唐山曹妃甸区、沧州沿海地区、张承（张家口、承德），强化政策支持与引导，实现率先突破，建成京津冀产业升级转移的重要引擎；建设京津走廊高新技术及生产性服务业、沿海临港产业带、沿京广线先进制造业、沿京九线特色轻纺、沿张承线绿色生态等五个产业带；并重点发展汽车、新能源装备、智能终端、大数据和现代农业五大产业链。

具体来看，以北京、廊坊、天津为轴线，利用北京技术优势和天津、廊坊等地的制造能力，承担京津冀地区科技成果产业化功能，重点发展高新技术产业、生产性服务业和高端装备制造业。秦皇岛、唐山、天津、沧州沿海地区则利用港口优势和制造业基础，重点发展滨海产业、先进制造业和生产性服务业，推进一体化等重大项目建设，形成与生态保护相协调的滨海型产业带。以保定、石家庄、邢台、邯郸等中心城市为节点，利用本地区土地、劳动力等要素资源优势，改造提升传统产业，培育壮大战略性新兴产业，重点发展电子信息、新能源、生物医药、装备制造、新材料等产业。

值得指出的是，《京津冀产业转移指南》提出，在推进京津冀产业有序转移工作时必须严格执行京津冀三省市发布的产业负面清单，严禁超出本地区资源环境承载力的项目落地建设。鼓励通过市场手段压减过剩产能，处置僵尸企业。在财税等方面，推进财政和税收体制改革，建立产业转移项目投资共担和收益共享机制，落实《京津冀协同发展产业转移对接企业税收收入分享办法》，进一步简化纳税人跨省（市）迁移手续。在三地推行企业和人才资质互认、信息互通、数据共享改革，最大限度地方便生产要素的合理流动[149]。

第二节　政　策　启　示

一、平台功能各有侧重，精准化承接

"2+4+46"个产业承接平台在《意见》中已经明确了其主要发展方向。"2+4+46"个产业承接平台，首先是增强北京新的"两翼"高端产业吸引力。围绕北京城市副中心和河北雄安新区，发展创新产业集群，促进产城融合、职住平衡。紧接着，集中力量建设四大战略合作功能区，功能区产业承接方向明确。同时，合力建设46个高水平协同创新平台和专业化产业合作平台。"2+4+46"个平台建设，基本上涵盖现代制造业、服务业、农业、文化旅游、行政办公、科技创新等主导产业，有效解决了在疏解过程中平台过多、布局分散、无序疏解等难题，并且提出了"精准承接""聚焦承接"等一系列重要概念。

二、突出创新驱动产业升级转移，构建"京津冀协同创新共同体"

"2+4+46"个平台紧扣非首都功能产业领域，统筹区域城市群空间资源，打通转移和承接通道，促进创新和产业要素在京津冀三地合力重组、高效流动、有机衔接，推动区域间产业链梯次布局。坚持产业转移与创新能力提升同步推进，推动构建京津冀协同创新共同体，促进区域创新链、产业链、资源链、政策链深度融合。

第三节　天津承接主要来自北京产业转移的特点分析

一、利用京冀资金规模不断扩大

自 2014 年京津冀协同发展这一重大国家战略提出以来，天津坚决贯彻中央决策部署，携手京冀打破"一亩三分地"，立足"一基地三区"定位，知进知止知退，主动服务区域整体发展。据权威数据显示，2014 年，天津市全年引进北京与河北项目 1307 个，在津投资 1493.36 亿元，占全市实际利用内资的 41.5%[150]；2015 年，天津市全年引进京冀项目 857 个，到位资金 1739.29 亿元，占全市实际利用内资的 43.0%，比上年提高 1.5 个百分点[151]；2016 年，天津市全年引进京冀投资项目 2701 个，投资额 1994.09 亿元，占全市实际利用内资的 44.0%[152]，具体如图 4-1 所示。2017 年前 4 个月，北京企业在津投资 711.28 亿元，同比增长 30.54%，占内资比首次超过 40%。河北省企业在津投资 81.91 亿元，占比 4.61%，京冀投资占比达到 44.68%[153]。结合统计数据及从图 4-1 可以看出，天津市自 2014 年至 2017 年前 4 个月，利用京冀资金规模呈直线上升趋势，虽然引进项目数量在 2015 年呈下降趋势，但其资金额并未降低，说明引进项目的质量在提升。再者，据统计，2015—2018 年，天津累计引进北京投资项目近 2100 个，投资总额约 1460 亿元。滨海-中关村科技园投入使用，增加企业 355 家，注册资金 58.2 亿元。百度创新中心、京东云创空间、阿里巴巴、物美、当当网的物流基地等重点项目落户天津，2018年，一汽大众华北基地加快建设，未来科技城38平方千米的京津战略合作示范区完成规划，具体如表4-5所示。2021年2月25日，京津冀协同发展产业投资基金（由天津市牵头，会同北京市、河北省、国家开发银行共同发起设立）在滨海高新区正式注册设立，该基金总规模500亿元，首期规模100亿元，重点围绕京津冀协同发展战略核心即疏解北京非首都功能服务，主要支持北京城市副中心、天津滨海新区、河北雄安新区等重点功能承接平台建设开展投资。

图4-1　2014—2016年天津市利用京冀资金情况示意图

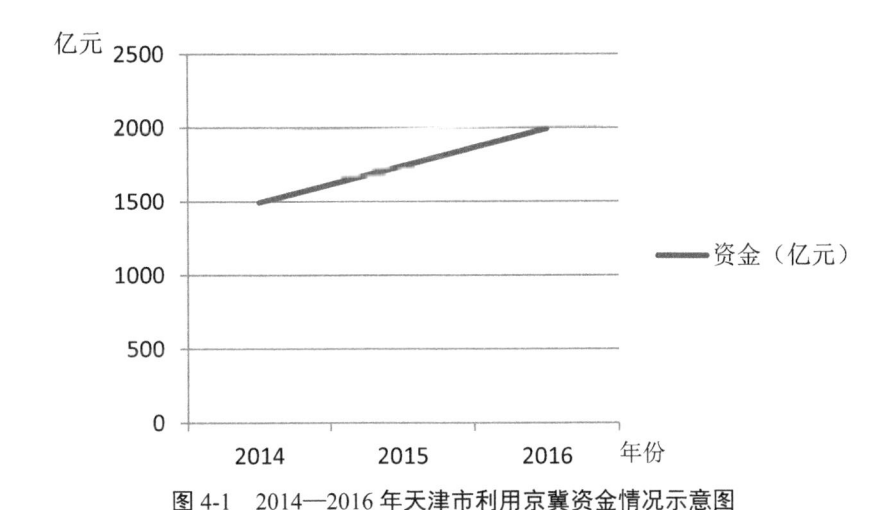

表4-5　北京市部分转入天津企业

转出企业	行业类型	转入地
阿里巴巴	电子商务	天津市武清区
京东	电子商务	天津市武清区
唯品会	电子商务	天津市武清区
亚马逊	电子商务	天津市武清区
我买网	电子商务	天津市武清区
当当网	电子商务	天津
动物园服装批发市场	服装批发	天津
北京首航艾启威节能技术股份有限公司	高新技术	天津市宝坻区

（续表）

转出企业	行业类型	转入地
珠江国际轻纺城	服装纺织	天津市宝坻区
华泰汽车	汽车制造	天津滨海新高新技术产业开发区

资料来源：根据 www.zhaoshang.net 整理。

二、承接项目呈集群化发展趋势

据统计资料显示，为了承接主要来自北京的产业转移，天津市目前在建的产业园区项目包括武清京津产业新城、宁河京津合作示范区、宝坻京津中关村科技新城、宝坻京津新城现代服务业聚集区、蓟州京津州河科技产业园，具体如表4-6所示。据不完全统计，截至2016年，中关村企业在天津有稳定合作关系的有1200家以上，393家重点企业在天津设立503家分支机构，代表性企业有曙光、华旗、搜狐畅游、天坛生物、中牧股份、星新材料等。北京大学与天津市各企事业单位、高校、科研机构合作项目170余个，累计合同金额3200余万元，与滨海新区共建新一代信息技术研究院。中科院北京分院与天津市科委、滨海高新区共建天津电子信息技术产业园，曙光、蓝鲸等一批重大产业化项目落地投产。从以上资料可看出，天津市在主要承接来自北京产业转移方面，高端产业集群化成为其主要发展趋势。

表4-6 天津市承接京冀产业转移平台一览表（部分）

产业园区名称	产业集群
武清京津产业新城	科技研发、服务外包、金融、总部楼宇、现代物流基地等
宁河京津合作示范区	以水务研发为主导的环保产业基地，包括环境技术、健康医疗、文化教育、旅游休闲度假、高技术研发及高端商务商贸
宝坻京津中关村科技新城	发展全国性数据服务、电子商务、现代物流等生产性服务业
宝坻京津新城现代服务业聚集区	高水平现代服务业

（续表）

产业园区名称	产业集群
蓟州京津州河科技产业园	现代装备制造、新型材料、绿色食品加工等高新技术产业集群
天津未来科技城	新能源新材料、新一代信息技术、汽车及高端装备制造、节能环保、生物医药、文化旅游、生产线服务业等
津冀协同发展示范区	现代农业、生产性服务业等

资料来源：据天津市人民政府合作交流办公室资料整理。

三、承接产业逐渐向价值链高端发展

随着党中央对于天津"一基地三区"战略定位的明确提出，天津市出台了《天津市高端装备产业发展三年行动计划》，这其中包括高端装备产业、海洋工程装备产业、民用航空产业、汽车及核心零部件产业、新能源汽车产业、集成电路产业、智能终端产业、生物医药产业、医疗器械产业、软件产业、钢铁产业、石油和化工产业、食品工业、现代物流业、金融服务业等15个产业发展行动计划。自2015年4月提出以来，邮储银行京津冀金融服务区、华夏人寿保险后援基地等金融类项目、北京经纬恒润汽车电子项目、聚美优品在空港经济区设立中国北方运营和物流中心、酒仙网在空港设跨境电商总部、美菜网在空港设立蒲公英商业保理（天津）有限公司、云鸟配送将在空港投资成立北方区运营总部等项目落户天津，具体如表4-7所示。

表4-7 天津市承接北京产业转移项目价值链位置一览表（部分项目）

项目名称	转出地	位于价值链位置
邮储银行京津冀金融服务区	北京	研发、市场、售后服务
华夏人寿保险后援基地	北京	研发、市场、售后服务
北京经纬恒润汽车电子项目	北京	研发、制造、营销服务
聚美优品中国北方运营和物流中心	北京	研发、物流、市场
酒仙网跨境电商总部	北京	研发、物流等

（续表）

项目名称	转出地	位于价值链位置
蒲公英商业保理（天津）有限公司	北京	生产、制造
首航节能发热发电设备产业化项目	北京	研发、制造、市场
新利同创机箱机柜生产基地	北京	研发、制造
中国人寿养老社区项目	北京	现代服务业
神州租车总部项目	北京	市场、售后服务
迪信通数码总部项目	北京	研发、市场

资料来源：据天津市工业和信息化委员会资料整理。

价值链的不同环节，其创作价值的能力有所不同。天津市在京津冀协同发展战略中，承接的项目注重研发能力和营销管理，这正符合"微笑曲线"[154]的原理，该曲线两端附加值较高，中间最低，即价值最丰厚的区域集中在研发和市场。结合价值链思想，在纵向价值链中，企业向价值链高端发展，重点增强微笑曲线两端的研发与营销能力，增强了企业的核心能力；而在横向价值链中，企业与价值链上其他企业有竞争也有合作，不仅整合了资源，同时也形成了各种战略联盟，形成了战略共享，从而具备了协同优势。

四、承接项目分布于全市区域

据统计，2016年北京企业到天津投资的到位资金共1700亿元，河北企业到天津投资的到位资金共294亿元。以2020年天津经济技术开发为例，2020全年共引进北京项目178个，投资额超过520亿元。当前，天津市各区都加快了京津冀协同发展的步伐，积极建设园区、楼宇、孵化器等平台承接北京产业转移。这12个平台是"1+11"结构，"1"为天津滨海新区，"11"为各个区的功能承接平台。12个平台互相借力、协同发展，共同吸引京冀项目落地，在承接相关产业方面取得了突出成就。

第四节 天津承接主要来自北京产业转移的难点分析

一、更加注重技术承接能力的提升

以往在衡量产业转移的效果时，其硬性指标主要包括产业转移能够给转入地带来多少经济效益，这其中既有资金，也有资本。资本或资金固然重要，但技术在经济发展中也发挥着极为重要的作用，特别是发展中国家，技术水平普遍不高，这在很大程度上制约了其参与国际分工的广度和深度。基于这一点，必须将承接重点由资金或资本承接转移到技术承接上来，从技术因素出发，对直接投资项目进行考核筛选，这种筛选所依赖的准则即技术承接标准。以天津未来科技城为例，天津未来科技城坐落于滨海高新技术产业开发区，由规划面积30.5平方千米的核心区和40平方千米的拓展区组成，拥有诸多国家级中央企业和国家重点实验室的研发转化机构，以及"民"字号行业领军企业的高端研发产业化基地。行业类别已涵盖新能源、生物医药、信息技术、节能环保、先进装备制造等多个国家战略新兴产业领域。按照规划，未来10年内，天津未来科技城将成为引领科技创新的产业研发平台。预计至2030年，天津未来科技城将实现工业总产值300亿元，常住人口70万人，提供就业岗位50万个。仅2014年已经落户的70个项目，预计全部投产后的年产值就将达到1500亿元，企业投入与产出比将达到1∶10。除了未来科技城之外，京津通过多个项目进行密切合作，推进科技产业对接协作。北京中关村与宝坻区签署战略合作框架协议，建设京津中关村科技新城，协议总投资额326亿元，项目单体投资规模都在1亿元以上，涉及新能源新材料、节能环保、高端装备制造、软件与集成电路、电子商务等多个前沿领域，代表高端高质高新的产业发展方向。另外，通过与中国通信工业协会、工业和信息化部软件与集成电路促进中心的合作，京津共同在武清区建设"中国云"物联网/云计算国家产业园项目、"京津云城"智慧城市项目，支持建设武清京津产业新城。

二、更加注重科技成果转化步伐的加快

党中央对于北京的定位，其中之一就是科技创新中心。那么，天津可作为其重要的科技成果转化示范区。例如，天津武清区搭建京滨工业园、京津科技谷、京津电子商务产业园、京津科技创新园、北斗新兴战略产业园等合作发展平台，为高新技术转化、高端项目入驻提供了发展空间。同时，支持有实力的天津企业到周边地区和腹地省市设立分支机构和生产基地，推进产业梯度转移，形成基础研发主体在北京、成果转化和高端制造重点布局在天津的格局，以此来加快科技成果转化的步伐。

三、更加注重科技与金融的深度融合，带动产业金融

京津冀协同发展战略赋予天津"一基地三区"的战略定位，其中之一就是"金融创新运营示范区"。目前，天津市已经形成多家科技金融类平台、企业、资本市场，以支持京津冀协同发展战略的实施，具体如表4-8所示。据统计，截至2017年第一季度末，天津市20家主要中资银行业金融机构的京津冀协同发展项目贷款余额为2687.37亿元，同比增长27.13%。科技金融已成为促进科技开发、成果转化和高新技术产业发展的

重要抓手。特别是在京津冀地区，如何优化配置区域内金融资本、拉动产业创新发展已成为实现京津冀协同发展的关键。在津冀金融合作方面，天津股权交易所为河北省企业提供融资服务，截至2013年年底，在天交所挂牌的河北企业已经达到77家，累计融资23.9亿元。天津市在全国率先探索出保税租赁、融资租赁出口退税、离岸租赁、售后回租、联合租赁、委托租赁等多种业务模式，飞机、船舶、海洋工程钻井平台的租赁业务分别占全国的90%、80%和100%，吸引来一大批行业龙头企业，形成了租赁业聚集区。到2016年年末，天津融资租赁法人机构1174家，注册资本4941亿元，资产总额直奔万亿元。在京津冀协同发展过程中，科技金融的快速发展可以提高地区吸引力，从而吸引更多企业资源、投资资源进入天津，以此带动产业金融的发展。

表4-8 天津设立的科技金融类平台、企业、资本市场一览表（部分）

序号	名称
1	天津滨海新区科技金融投资集团
2	天津滨海新区科技金融服务中心
3	天津滨海新区科技融资租赁有限公司
4	天津滨海新区科技小额贷款有限公司
5	京津冀协同票据交易中心股份有限公司
6	京津冀产业结构调整引导基金
7	天津滨海柜台交易市场股份公司
8	天津股权交易所
9	天津科技融资控股集团有限公司
10	天津科技金融路演中心

资料来源：据天津金融工作管理局资料整理。

第五节　天津承接产业转移应遵循的原则

天津在承接主要来自北京产业转移的过程中要根据天津市经济发展的总体要求，以调整产业结构、实现产业结构升级为目的，合理选择转入产业，主要应遵循以下原则。

一、产业互惠共生原则

应从京津冀三地价值链分工地位提升的视角看待产业转移与承接，并进而从技术共生、产业共生和市场共生三个方面探讨京津冀三地产业转移与承接。三方面关系如图4-2所示。

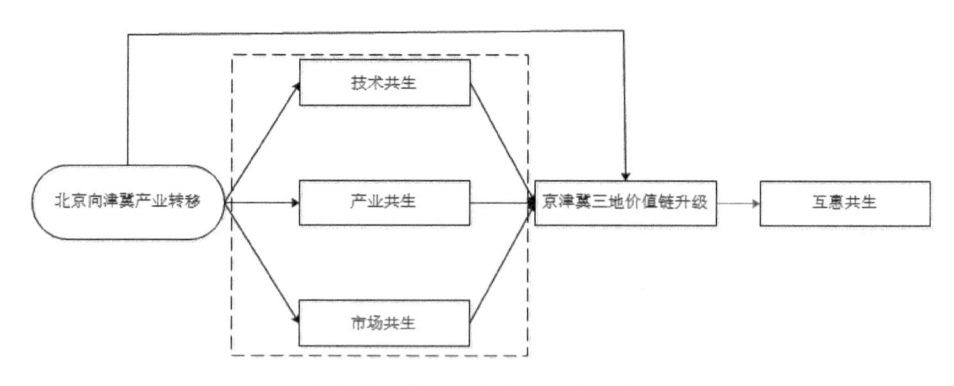

图4-2　北京向津冀产业转移实现互惠共生的传导路径

（一）技术共生

技术共生[155]实质上是京津冀三地之间相关技术及其生存环境的互动和依存关系。对于北京而言，向天津产业转移势必会伴随着技术的合作，不仅可以分摊部分研发费用，而且还能降低新产品创新风险，有利于北京企业提高新产品创新积极性；同时，北京跨国企业也会根据转入地的产品需求特点对母公司进行技术反馈并加以改进，以此提高母公司的新产品创新能力与技术水平，从而推动价值链升级。对于京津冀三地而言，北京在技术水平方面相较津冀具有一定优势，通过承接产业转移过程中知识技术的水平、垂直溢出以及与北京企业开展技术合作等方式，天津企业可以学习北京较先进的知识技术和管理经验，在此基础上模仿、吸收、消化和再创新，改善其生产工艺流程，提高产品质量和附加值率，从而促进价值链升级。

（二）产业共生

在京津冀协同发展过程中，产业共生实质上是天津与京冀在产业链上的连续性和价值增值性，产业共生能够提升共生单元之间产业链的融合性、互动性、协调性以及分工效率。对于天津而言，承接主要来自北京的产业转移有助于促进本地产业分工网络进一步深化，使得天津可以将更多的生产要素集中到价值链的中高端环节，有利于实现自身价值链升级。

（三）市场共生

在京津冀协同发展中，市场共生实质上是京津冀三地市场的分享和融合，有利于打破区域壁垒和市场垄断，加速三地市场不断增强共生关系。对于天津而言，承接主要来自北京的产业转移，一方面，有利于增加其收入水平，另一方面，三地市场联系得以增强，最终通过市场规模的扩大促进价值链的提升。

二、基础性原则

天津在考虑进行产业转入时，一是要了解清楚和充分利用原有的一切基础条件，二是考察和研究原有的基础条件，明确迁入产业和布局生产力的可能性，不能使其脱节。继而，天津在承接主要来自北京产业转移过程中要首先考虑自身独特的比较优势，选择的转入产业应该能够充分发挥自身的优势。

三、增长极原则

天津在承接主要来自北京产业转移的过程中，不宜采取"撒胡椒面"式的平均主义做法，而应相对集中力量，突出重点，培育一批新的增长极以带动区域成长。根据沿海改革开放和加速发展的经验，可以在产业移入区选择一两个中心城市和区域，给予一些特殊政策，使之率先发展起来，辐射带动整个产业移入区[156]。

第五章

国内外产业转移与承接的经验与启示

从国内外产业转移与承接发展的现实来看,产业转移与承接和区域产业结构的演进具有很强的一致性。例如,20世纪60年代,伴随着发达国家和地区的产业结构调整,诸如纺织、食品、玩具等劳动密集型产业开始向外转移;70年代,钢铁、造船、化工等资本密集型产业也开始向外转移;80年代以来,汽车、家电等产业随之向外转移[157]。上述产业转移与承接过程中,各国与各地区在承接产业转移过程中遭遇到的问题与解决方法不尽相同,本章将着重就该方面的经验与做法进行研究。

第一节　国际产业转移与承接梳理

过去几十年发生的全球范围内的产业转移与承接,呈现出不同的特点,为本书后续研究提供了丰富的研究资料。

一、"二战"后美国向德国、日本发生的产业转移与承接

由于"二战"战败,德国与日本陷入了生产衰退、恶性通货膨胀的经济局面。美国之所以将产品和部分产业以及投资转移至德国,除了马歇尔计划必须要对部分欧洲国家进行援助外,更重要的是看中了德国的优势。首先,德国拥有鲁尔区,那里的煤钢工业发达,基础雄厚;其次,德国有良好的工业基础和巨大的经济潜力;再次,西德的劳动力价格低廉,而且素质较高;最后,从地缘上看,德国位于欧洲大陆的十字路口。而就产业转移而言,德国更多是在向美国购买知识技术。20世纪的前60年,德国购买外国专利和

制造许可证的款项半数支付给了美国，而自"二战"结束后，德国通过美国在德国的子公司购买了大量的技术知识。对于战后的日本而言，首先，日本也通过长期的工业化进程建立了较为完善的工业体系，虽然受到了战争的严重破坏，但是恢复原有的工业体系并非难事；其次，美国在战后对日本同样进行了援助，再加上抗美援朝战争、越南战争的爆发，美国依托日本生产、采购军事物资就成为一种必然。日本从美国转移与承接了大量的新技术，如轧钢技术、石油化工技术、电力机械技术，还引进了"成本管理、经营计划调查以及职务分析等有关软件的知识和方法"。美国寻求自身的产业升级，集中发展汽车、化工等资本密集型产业，将纺织业等传统产业通过直接投资的方式转移至日本等国家。这一时期的产业转移出现了新的方向和新的特点，即全球产业链和价值链的布局。就转移路径而言，美国除了向欧洲、日本进行产业转移外，"二战"结束后也向印度、东南亚等国家进行过产业转移，但是成规模的产业转移还是自20世纪60年代兴起的。20世纪80年代后，美国企业则大规模向第三世界国家进行产业转移，占领全球市场。就转移方式而言，美国在20世纪80年代后的产业转移，不再仅仅是转移企业或产业，随着大规模技术更新和以"温特制"（Windows+Intel，即以微软公司的视窗系统和英特尔公司的微处理器互相咬合搭配，凭借实力和快速的创新不断抛开对手，在自己成长的同时也赚取了大量利润，并引导整个产业不断升级，而掌握标准和引导升级的企业则成为行业的金字塔顶端企业）为代表的新的生产模式的确立，美国企业将大量占用成本的生产部门转移出去，同时构建起复杂的全球产业链。美国企业凭借掌握核心技术和营销渠道，在之后建立了拥有高附加值的全球价值链。就影响而言，美国企业构建起的全球产业链和全球价值链，不仅促进了当地经济的发展，也推动了美国国内产业结构的调整和技术升级，更使得美国企业、技术与其他国家的联系更加紧密，同时也使得全球各国之间更加密不可分[158]。

二、20世纪70年代前期日本向"亚洲四小龙"发生的产业转移

日本为加快国内产业升级，集中发展钢铁、化工、汽车和机械制造等资本密集型产业以及电子、航空航天和生物医药等技术密集型产业，将以轻纺织业为代表的劳动密集型产业转移至被称为"亚洲四小龙"的中国台湾、中国香港、新加坡和韩国。承接劳动密集型产业转移，促使这些新兴工业化经济体产业得到一定程度的发展。这些国家和地区在20世纪70年代之前以农业和轻工业（小型工厂）为主导，在20世纪70—90年代经济高速发展。它们利用发达国家向发展中国家转移劳动密集型产业的机会，吸引外国大量资金和技术，利用本地廉价而良好的劳动力优势，适时调整经济发展策略而发展迅速，成为东亚和东南亚继日本后新兴的发达国家或地区，也成为解释"雁行理论"的主要例证。日本纺织业向海外转移的原因主要概括为两点：第一，受政治因素和欧美保护主义影响，战后日本纺织业等工业的高速发展及出口导向性的经济特征使得美日关系矛盾凸显，在美国的压力下，日本签订了多项协议减少纺织品的出口；第二，在"广场协议"发挥作用后，日元持续升值，使得日本的纺织品在国内生产再出口的国际竞争力下降，但却有利于日本企业进行海外投资。在产品成本优势下降的情况下，日本开始将纺织业向境外转移。考虑到距离优势，对外开放程度高、消费市场广阔、劳动力成本低的韩国、我国台湾和香港地区成为纺织业转移的最佳目的地，自此，亚洲新兴国家和地区逐渐接力日本成为全球纺织产业中心。

三、"广场协议"导致日本向"亚洲四小龙"发生的产业转移

"广场协议"导致日本本币升值，对于劳动密集型产业的转移刻不容缓，代工类企业开始向成本更低的区域流动。这一时期的幸运儿是后期成为"亚

洲四小龙"的韩国、中国香港、中国台湾以及新加坡。这几个经济体的共性是具有物资贫乏而人口综合素质较高、临海方便物流运输等先天优势。随着产业转移的东风,"四小龙"经济完成了"升华"。据已有资料显示,我国台湾 1980 年的出口数据是 1970 年的 13 倍,韩国 1980 年的出口数据是 1970 年的 40 倍,新加坡 1980 年的出口数据是 1970 年的 10 倍。在外向型经济的帮助下,"四小龙"俨然成了世界贸易的核心力量。总结这一次的产业转移,主导者是日欧美,表现为密集型产业的流动轨迹,产业的流动为当地经济带来了资金与技术。

四、20 世纪 90 年代的产业转移

随着产业模块化发展,全球产业形成一条以价值链为基础的产业链。美日等发达国家以及"亚洲四小龙"通过产业链模块化经营针对各个发展中国家进行产业转移,这些国家和地区自身牢牢掌握价值链中的制高点,发展通信、微电子和生物工程等高科技知识密集型产业,向发展中国家转移的产业也不仅仅局限于资本和劳动密集型产业,其中也包括技术和知识密集型产业的国际间转移。

五、"金砖五国"承接的新一轮国际产业转移

进入 21 世纪后,以"金砖五国"(中国、俄罗斯、印度、巴西、南非)为代表的新兴经济体国家从发达国家(地区)承接了新一轮的国际产业转移。随着模块化经营的持续发展以及产业链分工的细化,国际产业转移呈现出较明显的集群式、非线性的转移特点。IT 产业从美国、日本以及我国台湾地区向广东省和江苏省的集群式转移,以及欧美、日韩汽车制造业在我国各地的转移都体现出集群式、非线性的特点。发达国家(地区)和新兴经济体

国家（地区）对发展中国家转移的行业中，服务业的国际间转移成为一个趋势，比如欧美等发达国家（地区）向印度转移的软件服务业，以及在印度设立全球客户服务呼叫中心等。同时，新一轮产业转移的主体日趋多元化，不再局限于发达国家（地区）和新兴经济体国家与地区，发展中国家通过反向直接对外投资等形式对其他国家和地区进行产业转移[159]。

第二节　韩国半导体产业转移与承接的经验做法

2017年是值得韩国三星半导体大书特书的年份。据国际研究机构 Gartner 宣称，这一年三星将英特尔挤下了全球半导体营收龙头的宝座。要知道，英特尔自 1992—2016 年已经连续多年保持全球半导体行业第一名，但是到了 2017 年却被三星半导体后来者居上。这只是韩国半导体产业取得的一系列成绩之一，据 IC Isights 等机构统计，就营收来看，全球前三大半导体公司中，韩国占据两席，分别是第一位的三星和第三位的 SK 海力士。

20 世纪 60 年代中期开始，当时的仙童半导体（Fairchild Semiconductor）和摩托罗拉（Motorola）等美国公司为降低生产成本在东南亚地区投资设厂，当时的韩国也从中获益。后续，日本的半导体公司三洋和东芝也开始在韩国投资，但这期间，韩国的获益仅停留在经济层面，其不过还是简单的、劳动力密集的组装节点。但这一切随着韩国经济在 20 世纪 70 年代的转型发生了变化。韩国在 1975 年推出了扶持半导体产业的六年计划，该计划旨在实现电子配件和半导体生产的本土化。在这一产业化过程中，韩国政府的做法是实施"政府+大财团"的发展模式，还将大型航空、钢铁等分配给大财团，并向它们提供被称为"特惠"的措施，如此庞大丰富的资源集中于诸如现代、大宇、三星这样的大财团，使它们迅速进入资本密集型的动态随机存取存储器（DRAMs）的生产。20 世纪 80 年代，当时的三星决定进行大规模集成芯片生产，现代、金星社也均进行大规模集成（VLSI）生产。这标志着韩国从此由简单的装配生产到精密的晶片加工生产，实现了质的变化。1983年,三星在京畿道建成首个芯片厂,接下来,三星向当时的美光公司(Micron)购买了64K DRAM技术,加工工艺从日本夏普获得,此外,三星还取得了夏普"互补金属氧化物半导体工艺"的许可协议。1983年11月三星成功研发了64K DRAM,自此,标志着韩国的VLSI芯片时代的到来。1984年,三星首次将其64K DRAM芯片出口到美国,1985年成功开发了1M DRAM,并取得了英特尔"微处理器技术"的许可协议。1983—1987年间,韩国政府共投入3.46亿美元用于"半导体工业振兴计划",并带动了20亿美元的私人投资,这大大促进了韩国半导体产业的发展。三星于1992年开发出世界上第一个64M DRAM,成为世界第一大DRAM制造商。伴随着德国厂商奇梦达和日本厂商尔必达的破产,三星市场占有率进一步提高,一举成为全球最大的芯片制造商。韩国半导体产业始于产业转移,在世界前三大芯片厂商中占据两席,政府发挥了非常大的推动作用。例如,韩国颁布《半导体芯片保护法》;2016年,韩国政府推出半导体希望基金。这一系列的政策基本延续了"政府+大财团"的产业模式,以维持韩国在半导体产业上的优势[160]。

总结韩国半导体产业转移与承接的基本做法发现:一是借助国家产业转移,发展本土产业,推进工业化、城市化进程;二是集中全国力量,在产业上打造三星、LG、现代、斗山等大型企业;三是在区域上优先发展以首尔为核心的汉江流域城市,借助工业化驱动快速城镇化。

第三节　我国台湾地区 IC 产业转移与承接的经验做法

我国台湾地区的集成电路（IC）产业虽然起步较晚，但发展势头十分迅猛，现已成为世界主要的 IC 产业基地。其集成电路代工制造、芯片封装和测试都居于世界之首，IC 设计领域仅次于美国，居于世界第二，尤其在代工领域占据全球七成以上市场份额。2017 年，我国台湾地区 IC 产业总产值约 898 亿美元，IC 制造占 49.5%，其中 88.15% 为圆晶代工，占全球市场的 76%。从时间来看，我国台湾地区的 IC 产业与韩国半导体产业大致同时发展。从发展路径来看，与韩国承接美日半导体产业转移同样类似。台湾依靠早期给在台建厂的美日厂商做低端加工起步，逐步积累知识与技术，20 世纪 80 年代末，其抓住美国逐渐向 Fabless（无工厂芯片供应商）模式转型的机会，将利润不高、投资金额大的芯片制造、封测产业转移至本地。但与韩国发展不同的是，我国台湾在发展初期时，技术、资金支持短缺成为掣肘。与此同时，台积电 Foundry（代工厂）模式取得了巨大的成功，依靠代工模式，台湾在当时避开了与美日在产业链高端的竞争，并且将代工产业积极转移至岛内，发挥成本与规模优势，巩固了其全球代工的地位，这才造就了在全球代工领域非常著名的富士康等企业。台湾地区 IC 产业的高速发展还得益于其行政部门的大力支持。例如，2000 年出台的"两兆双星"政策虽在后来屡遭诟病，但其在推动台湾地区半导体产业发展方面作出了巨大的贡献。所谓"两兆双星"计划的目标是要在 2006 年将半导体和彩色影像显示器两项产业的产值突破 2 兆元（各 1 兆元）新台币，并推动数位内容与生物科技产业成为最具发展潜力的两个明星产业。从 2000 年到 2006 年，该计划中的"两兆"产业已顺利达成预期目标，但"双星"产业的发展则不尽如人意。除了政策推动发展之外，其整体呈现出的产业群聚效应也推动了发展。台湾地区半导体产业已经形成了明显的群聚效应，其芯片制造厂多位于北部新竹科学园区，设计业分布于新竹、台北，封装业位于湖口。这样，IC 产业的产业链从上、中到下几乎全部聚焦在岛内。台湾地区 IC 相关产业是其最大的支柱产业，单 IC 产业就占据了台湾 GDP 的 14%。目前，其半导体产业产值居全球第二，仅次于美国，在全球半导体产业中具有举足轻重的地位。

总结台湾地区 IC 产业转移与承接的基本做法发现：一是走代工模式。台湾地区半导体产业的实力名列世界前列，而其中最强的板块无疑就是芯片代工。从 1996 年的 IC 封装制造，到 1987 年介入专业代工制造，如今在这一领域，能排进全球十强的中国台湾企业就有 4 家之多。除了台积电，还有联电、力晶、世界先进等，成为全球半导体的一极。二是全产业链。台湾地区半导体企业从上游的 IC 设计、中游的晶圆生产到下游的封装和测试以及设备、材料全领域都有布局，联发科、台积电、联电、日月光、联咏、瑞昱等企业迅速发展。三是依托载体，发挥产业聚合效应。新竹科学工业园区被称为"台湾的硅谷"，是台湾高科技产业的发源地。这里汇聚了集成电路、计算机及周边、通信、光电、精密机械、生物技术等六大产业，成为台湾地区的高科技基地，也是人才的虹吸器。1976 年，台湾地区开始以硅谷为范本，规划半导体科学园区。仿照斯坦福、伯克利等名校与产业集群合作的模式，将园区设置在了与台湾清华大学、工研院、交通大学等比邻而居的新竹。自台积电及联电进驻至今，新竹科学园区成为世界整合代工的重要指标。园区内形成完整的集成电路产业链，是全球半导体制造业最密集的地区之一。集成电路产业的形成，初期是由工业技术研究院电子所从事技术研究开发，后续由新竹科学园区提供完善的设厂环境，逐步孕育台湾集成电路产业，再借由产业的发展，同步带动上、下游相关产业。

第四节 重庆承接电子产业转移的经验做法

重庆市是目前全球最大的笔记本电脑生产基地。数据显示，2014年，重庆市实现了全球每4台电脑就有1台是"重庆造"，单台价值提高12.5%，成为全球最大的笔记本电脑生产基地。笔记本电脑制造产业转移至重庆，始于2007年7月，这期间，从惠普、宏碁、华硕、思科、东芝、仁宝、纬创、和硕、富士康、广达、英业达等落户重庆，到完成全球最大的笔记本电脑制造基地用了7年时间。重庆市还迅速形成了"品牌厂商+代工企业+配套零部件厂商"的完整产业链。不仅如此，重庆市还逐步实现其"5+6+860"电子产业集群规划："5"是5个品牌商，主要为研发、产品设计、推出新产品的世界级龙头企业；"6"是6个代工企业在重庆集聚；"860"是860个零部件厂落户重庆。重庆现有西南集成设计公司、中国电科24所、中航微电子、重庆声光电公司、中科渝芯公司、SK海力士半导体（重庆）有限公司、重庆赛宝工艺技术研究院、重庆四联光电科技有限公司、林德、普莱克斯等40多家集成电路设计、制造、封装、测试企业和研究机构；已经集聚了30多家手机整机和近50家配套企业，具有超过2亿台的笔记本电脑、平板电脑、手机等终端，构建了世界级的电子产业基地。从2010年至2017年，重庆电子制造业年产值由626亿元增至5700多亿元，电子制造业占全市工业总产值的比重由13%提高到24.5%，已经成为重要的支柱产业。

以西永微电子产业园为例，2020年，西永微电子产业园全年主要经济指标再创新高，达到2226.91亿元，同比增长17.92%。以重庆万分之五的土地面积贡献了全市近10%的工业产值、近五成出口总值和全球25%的笔记本电脑产量。2020年1—12月，西永微电园笔记本电脑产量超过6000万台，同比增长32.68%。其中，园区企业广达、英业达担当"领跑者"角色，加速推动重庆电子信息产业集群向价值链高端升级。再者，重庆市不盲从东部沿海经验，让产业转移升级与承接不再是"空中楼阁"。例如，重庆市对重点企业推行智能化工厂建设，构建加工贸易产业链，各保税区结合各自特点，不断完善加工制造、物流、销售等服务功能，形成了零部件、原材料、整机上、中、下游产业链集群。

总结重庆市承接电子产业转移与承接的基本做法发现：一是对于处于产业链下游的诸如计算机、通信设备及其他电子设备制造业，以承接集群式产业转移为主。产业承接集群式产业转移就是承接整条产业链，它会在承接区迅速造就适宜产业发展的生态环境：集群区域内各企业地理靠近、业务关联、分工协作、相互依存、互为条件，共同形成一个区域生产网络。同时，通过承接集群式产业转移，转移的骨干企业和重庆的大量中小配套与服务企业的共生性合作，能加速知识、技术的转播，从而推动重庆市区域产业升级。二是在承接地选择上，计算机、通信设备及其他电子设备制造业的承接地主要是西永微电子产业园区。重庆西永微电子产业园区是国家发改委审核的国内规划面积最大的微电子产业园，是重庆市为发展高新技术产业、优化和提升全市产业结构而规划建设的IT产业园区，是发展电子信息产业的主要基地。西永微电园位于重庆主城西部，规划面积43.8平方千米，其中产业区26.9平方千米，城市核心区7.4平方千米，寨山坪生态区9.5平方千米。西永园区地理区位和环境优越，基础设施齐全，配套功能完善，毗邻重庆大学城和"渝新欧"铁路起点站团结村铁路口岸。园区产业区由"一区五园"组成，即西永综合保税区、集成电路产业园、软件及服务外包产业园、创新创业产业园、基础电子产业园、和企业服务园。园区形成了以惠普重庆电脑生产基地（英业达、富士康、广达等）为代表的PC制造产业，以中电科技 2 条 6 英寸芯片线、茂德 8 英寸芯片线为代表的集成电路产业，以惠普 NTT、GDCC、中科院软件所为代表的软件与服务外包产业，以富士康（重庆）产业基地、科博达、北大方正为代表的配套产业的四大产业格局。园区电子终端产品企业品牌由原来的惠普、华硕、宏碁、东芝 4 个迅速增加至 12 个，新增了苹果、富士通、小米、谷歌等。三是主动融入"双循环"新发展格局。如广达公司三期工程主要是承接江苏常熟内迁来的智能手表产线。其 2017 年落户西永，2020 年实现全面量产 900 万个，同比增长 65.33%。数据显示，这也让西永微电子产业园拥有了除笔记本电脑、显示器、打印机之外的第三大智能终端产线。再如，2020 年 9 月，首批来自德国的保时捷汽车搭载中欧班列（渝新欧）整车专列成功运抵西永综保区，标志着内陆首个批量进口大贸整车保税仓储项目进入常态化运行。全年保税车辆共 3000 台左右，货值 15 亿元，此举措将有效促进内陆地区对进口高档汽车消费需求的提档升级。

第五节 我国传统制造业转移至非洲的经验做法

2008年2月,林毅夫被任命为世界银行首席经济学家兼负责发展经济学的高级副行长。他在研究了中国、埃塞俄比亚、越南等国家制鞋业的成本与生产率后,向时任埃塞俄比亚总理的梅莱斯建议,到中国针对皮革业与制鞋业进行招商。2011年,中国最大的女鞋生产厂商华坚集团在埃塞俄比亚东方工业园投资设厂。中国传统制造业为何会舍近求远,远赴非洲投资设厂?根据林毅夫的解释,如果制鞋业转移至越南,会很快拉高劳动成本,成本优势就会丧失,而转移至非洲,由于埃塞俄比亚人口众多、现代制造业落后、工资水平低等原因,吸引了华坚这样非常看重成本优势的企业落户非洲。华坚工厂的产品主要销往欧美市场,不仅享受免掉运动鞋27%、帆布鞋33%的关税,还解决了当地4000人的就业问题。2014年,李克强总理在访问埃塞俄比亚期间说,中国愿优先向非洲转移适宜和所需的劳动密集型产业和优势产能。而我国在基础设施建设方面产能过剩、由于劳动力成本上升导致生存空间缩小的传统制造业正是非洲欢迎的产业。目前,在埃塞俄比亚境内,由其承接的制鞋、汽车组装、钢铁、水泥生产等多家制造业企业正带动当地的经济发展。就华坚鞋业来说,其是埃塞俄比亚境内最大的制鞋企业,该厂生产的女鞋占据埃塞俄比亚全国鞋业出口份额的50%以上,工资成本由转移前占总成本的22%大幅降至3%,还带动了当地皮革加工、运输、物流、农场等多产业的发展。华坚鞋业仅是落户东方工业园的转移中国产业的企业之一,同时还有服装、建材、塑料、汽车零配件等以加工制造为主体的产业落户工业园区。2006年，东方水泥股份公司入园，2011年10月正式投产；2008年，中舜水泥制造有限公司入园，2010年5月投产，产品主要销往当地。有数据显示，2010年埃塞俄比亚的水泥进口大幅减少，这显然与中舜水泥和东方水泥的入园投产是分不开的，反映了园区企业的生存对东道国带来的进口替代的影响。园区得到了该国政府的高度重视，被列入埃塞俄比亚国家"持续性发展及脱贫计划"的一部分。不仅是埃塞俄比亚，肯尼亚也希望承接中国的纺织产业转移。该国建设的包括服装制造业在内的三个经济特区，占地面积约为2000平方千米，预计在未来30年内能创造近1000万个就业机会，同时，肯尼亚政府立法保护经济特区，设立土地、税收优惠的免税期，允许企业免税进口产品等。经济特区主要围绕纺织品和服装制作业，许多中国纺织企业已经在肯尼亚投资，例如香港利丰集团、江苏联发纺织股份有限公司，都在肯尼亚设立纺织厂。

我国传统制造业转移非洲，主要是以中非经贸合作区为载体实现的。包括上文中提到的埃塞俄比亚东方工业园、赞比亚-中国经贸合作区、坦桑尼亚加莫约港口和经济特区综合开发项目、尼日利亚莱基经贸合作区、尼日利亚广东经贸合作区、毛里求斯晋非经贸合作区等，具体如表5-1所示。

表5-1 中非经贸合作园区情况一览表

园区名称	启动时间	区内主要优惠政策
赞比亚中国经贸合作区	2007年2月	区内企业首次实现盈利的第一年至第五年，免缴公司所得税，对于进口原材料、资本性货物和机器设备，五年内免缴关税
尼日利亚莱基自贸区	2007年7月	联邦、州和地方各级政府的相关税收均予以免除
埃及苏伊士经贸合作区	2009年3月	进口用于投资项目的机电设备、仪器征收5%的关税，免交海关手续费，10%的销售税十年内免缴
埃塞俄比亚东方工业园	2007年11月	特许区内设立贸易公司并从事批发兼零售业务，准许园内设立投资许可、海关、商检等机构和参与管理

（续表）

园区名称	启动时间	区内主要优惠政策
毛里求斯晋非经贸合作区	2009年9月	为入区企业提供优惠的土地及厂房租赁价格，入园企业享受免关税、免增值税、所得税率15%等优惠政策
尼日利亚广东经贸合作区	2007年7月	外商所得利润和红利可自由汇出，无须办理进出口许可证，区内允许兴办外商独资企业

资料来源：据中非经贸网（www.zfjmw.com）整理。

不到20年，中国成为非洲第一大经济合作伙伴，随着中国提出的"一带一路"倡议得到广大非洲国家的认可与参与，很多劳动密集型和低增值产品将转移至非洲，当今世界唯有非洲能承接中国劳动力密集型加工业的转移，并在10～15年内保持工资不上涨。非洲有10亿人口，80%的劳动力是农村剩余劳动力，许多国家工资水平只有中国的1/10，将中国劳动密集型产业转移至非洲，是双赢之举。总结非洲承接我国传统制造业产业转移经验发现：一是劳动力成本优势明显，尤其对于劳动密集型产业而言更是如此；二是政策优势，非洲各国纷纷出台优惠政策争取外资，包括提供税收优惠、设立工业园区等；三是利用规则，有效规避发达国家针对我国的贸易壁垒，如欧盟与非洲签订的《科托努协定》，非洲地区的全部工业品可免税且进入欧盟市场无进口数量限制。

第六节　新加坡承接半导体产业转移的经验做法

新加坡在独立前，其经济结构属于单一畸形的转口贸易，由于产业结构极不合理，经济长期处于落后状态。独立后，其结合其他国家的经验，建立了外向型经济的发展道路，并由此开始产业结构调整。新加坡自独立以来，大约经历了四次产业转型升级。在建国初期，新加坡主要承接了来自国外的劳动密集型、资本密集型的炼油产业、电子产业、造船产业，并逐渐使其成为支柱产业。这期间，包括壳牌石油、英国石油、美国艾尔比石油、埃克斯石油、电子企业 AMD、日本东芝、爱华、松下电器在内的企业落户新加坡。据统计，1965—1979 年间，新加坡 GDP 年均增长率达 10.3%，出口总额达到 26.25 亿美元，新加坡工业基本实现了产业结构多元化。在 20 世纪 80 年代，由于新加坡工业产品的出口量增长放缓，政府鼓励劳动密集型产业开始转移至国外，并向资本密集型产业转变。1985 年，新加坡为了应对经济危机，大力发展高新技术产业，推动劳动密集型产业向技术密集型产业转变，大力兴建高科技产业园，其承接的电子产业在 20 世纪 90 年代末一跃成为世界第三大电子产业基地。这期间，日本三洋、日立、等高科技、美国惠普、伟创力电子、埃克森美孚石油、西门子、NEC、创世电子材料落户新加坡。1997 年在经历了亚洲金融危机之后，新加坡构建了以制造业和服务业作为经济引擎的多元化经济体系，并成为全球性的贸易中心。其在 2000 年与 19 个国家签订了双边贸易协定，在此期间，新加坡出口份额占 GDP 的比重由 2001 年的 19.2% 上升至 24.3%。与此同时，新加坡开始承接知识密集型产业，诸如德国拜耳、瑞士诺华制药、葛兰素史克制药、美国惠普、摩托罗拉等企业在新加坡设立基地，在跨国企业的带动之下，新加坡产业结构逐渐向知识化、信息化转型。

新加坡在制造业方面主要发展四大产业集群，首先发展的是以半导体为代表的电子产业，其次是海事海洋、生物医药和石油化工。新加坡承接的半导体封装产业自20世纪60年代，有TI、NEC、Hitachi、AT&T、AMD、Fujtsu、Harris、HP、Matsushita、Siemens等15家以上的国际级IC企业在新加坡设有封装工厂。其转移承接的以圆晶代工为主体的半导体产业集群已经位列世界第三位。为了支持半导体产业发展，新加坡政府在20世纪90年代末建立拥有20亿新元的半导体产业发展基金，新加坡最著名的国有控股投资公司淡马锡成功入股并培育了星朋科技和特许半导体两家本地企业，其中星朋科技在半导体封测最高排名全球第五，特许半导体排名全球第三。2010年数据显示，新加坡半导体产能在全球的比重由2001年的6.3%上升至2009年的11.2%。据新加坡经济发展局统计，其半导体相关企业数量在2010年超过300家，分别来自北美、欧洲、日本等多个地区，其中包括40家IC设计企业、14家硅圆晶厂、8家特制圆晶厂、20家封测公司及一些负责衬底材料、制造设备、光掩膜等的配套企业。产业转移与承接最终是为了发展东道国经济与实现产业国产化。新加坡在1991年成立了微电子研究所IME，通过承接政府以及国内外企业的项目，提升新加坡本国的半导体设计生产能力。在1993年，由TI、HP、佳能等联合投资的新加坡技术半导体公司成立，更是带动了新加坡半导体技术的升级。新加坡囿于自身资源缺乏、国土面积狭小等因素的限制，转移与承接电子产业成为其必然的选择，这其中，政府发挥的作用非常明显，例如上文提到的淡马锡入股培育特许与星朋两家半导体公司，设立发展基金支持产业发展，建立以电子工程为主体的南阳理工大学，一次性从海外招聘300多名电子专业的博士，建立圆晶代工园区等措施。

第七节　皖江城市带示范区产业承接的经验做法

2010年1月,国务院正式批复《皖江城市带承接产业转移示范区规划》(以下简称皖江示范区),安徽沿江城市带承接产业转移示范区建设纳入国家发展战略。这是当时全国唯一以产业转移为主题的区域发展规划,是促进安徽参与泛长三角区域发展分工、探索中西部地区承接产业转移的新模式,同时也为本书的研究提供了十分重要的启示。皖江示范区包括合肥、芜湖、马鞍山、安庆、池州、滁州、铜陵、宣城8个地级市全境及六安市的金安区和舒城县。安徽省举全省之力,全力推进皖江城市带的建设和发展,主要从规划引领、创新驱动、跨江发展、联动发展、绿色集约等方面探索科学承接与转型升级的新途径,并推行产业集群承接、产业链承接、组团式承接、兼并重组式承接、合作共建承接和以商招商承接等特色做法。

皖江示范区产业承接效应明显,带动自身创新能力不断提升,其战略性新兴产业不断集聚。2016—2017年,其生产总值连续两年占全省七成以上。目前,示范区已经初步构筑了"一轴双核两翼"、三个产业组团发展的产业分布格局。"一轴"主要是沿江发展轴,包括安庆、池州、铜陵、芜湖、马鞍山沿江五市,形成现代化大工业和物流业重要集聚区域;"双核"包括合肥、芜湖双核。合肥核主要是承接发展装备制造、电子信息、家电、现代服务业,建设全国重要的先进制造业基地、高新技术产业基地和现代服务业基地;芜湖核主要承接汽车、新型材料、电子电器、现代服务业,建设全国重要的制造业基地、现代物流中心和创新型城市。"两翼"包括滁州、宣城。

滁州重点承接化工、机械、家电、非金属材料、农产品加工等产业，建设重要的盐化工和硅产业基地；宣城重点承接发展汽车零配件、机械设备、农产品加工、旅游等产业，建设重要的机械制造和畜禽产品生产加工基地。"三个组团"分别是安庆产业组团、铜池枞产业组团和马芜产业组团。安庆产业组团，重点承接轻纺、汽车零部件及船用设备加工、文化旅游等产业，建设全国重要的石化和轻纺产业基地；铜池枞产业组团，重点承接有色金属冶炼及深加工、非金属材料、机械、化工、旅游等产业，建设世界级有色金属产业基地和著名佛教文化旅游胜地；马芜产业组团，主要承接汽车、钢铁、化工、建材、文化创意等产业，建设全国自主品牌汽车基地和精品钢基地。

为贯彻落实皖江城市带示范区规划，安徽省编制了8个专项规划，其中主要包括《皖江城市带承接产业转移示范区开发园区发展规划纲要》《皖江城市带承接产业转移示范区省级开发区扩区暂行办法》《皖江城市带承接产业转移示范区规划（修订）》《皖江城市带承接产业转移示范区基础设施规划》《皖江城市带承接产业转移示范区职业教育发展规划》等文件。示范区内107个省级以上开发园区在承接产业转移的过程中，不断推动产业向中高端迈进，以池州经济技术开发区为例，其之前产业规模小、缺少特色，自国务院批复后，通过这几年引进电子信息、高端装备制造等战略新兴产业，培育出新的经济增长点，其中电子信息产业在2014年的增速接近30%，使池州市工业增速跨入安徽省第一方阵。皖江城市带承接产业转移示范区新兴产业加快成长，集聚发展态势初步形成，外贸由降转增，外商直接投资增速加快，产业结构不断优化，企业利润增速升高。以合肥市"中国声谷"为例，在2017年前8个月，该基地完成产值236.2亿元，入驻企业超过百家，重点推进项目64个，总投资66.55亿元，"中国声谷"已成为国内规模最大的智能语音技术及产业的集聚地。皖江示范区在持续创新方面的能力也在增强，中科院合肥大学科学中心等国家级创新平台相继建立，合肥综合性国家科学中心、量子信息与量子科技创新研究院、中科院技术创新工程院、清华公共安全研究院、合工大智能制造研究院等创新成果转化平台落户示范区，形成了全超导托卡马克、量子通信等一批居于世界领先水平的高端科技成果，为皖江示范区新兴产业发展注入新动力。

第八节　湘南湘西承接产业转移示范区产业承接的经验做法

湖南省委、省政府于 2018 年 11 月 21 日正式启动湘南湘西承接产业转移示范区建设，提出到 2025 年示范区基本建成，到 2035 年示范区全面建成，引进逾 150 家世界 500 强企业。湘南湘西承接产业转移示范区总面积 12.1 万平方千米，包括衡阳市、郴州市、永州市、邵阳市、怀化市、湘西土家族苗族自治州 6 个市州，是国家和湖南省委、省政府重点建设的重大区域平台，旨在建设成为中西部地区承接产业转移"领头雁"、内陆地区开放合作示范区、国家重要先进制造业基地和支撑中部地区崛起的重要增长极。

根据《湘南湘西承接产业转移示范区发展规划》，湘南湘西承接产业转移示范的产业承接重点方向包括：加工贸易、装备制造、新材料、生物医药、新一代信息技术、轻工纺织、农产品深加工和食品制造业、矿产开发、现代物流、健康养老、文化旅游、现代农业等。上述 6 个市州重点承接的产业如表 5-2 所示。不仅如此，示范区还具体细化 6 个市州重点产业的发展方向与承接平台建设，仅以示范区内的怀化市为例，如表 5-3、5-4 所示。

表 5-2　湘西湘南承接产业示范区各市州重点承接产业一览表

市州	重点承接发展的产业方向
衡阳市	以钢铁有色为特色的新材料产业、军民融合产业、新能源汽车、轨道交通、纺织服装、现代农业
郴州市	以有色化工非金属为特色的新材料产业、电子信息、食品医药、矿物宝石、装备制造、节能环保

（续表）

市州	重点承接发展的产业方向
永州市	特色轻工加工贸易、现代农业、矿产品精深加工、轻纺制鞋、先进装备制造、电子信息、生物医药
邵阳市	特色轻工智能制造产业、先进装备制造、现代农业、电子信息、生物医药、文化旅游
怀化市	商贸物流、现代农业、生物医药、电子信息、生态文化旅游、健康养老
湘西土家苗族自治州	文化旅游、现代农业、新材料、新能源、电子信息、生物医药

资料来源：根据《湘南湘西承接产业示范区发展规划》整理。

表 5-3　怀化市重点产业承接方向一览表[161]

重点产业方向	重点产业类别
一、五大支柱产业	
1. 现代商贸物流产业	冷链物流、跨境物流、智慧物流、电商物流、城乡配送等
2. 生态文化旅游产业	观光、休闲、养老、康体、文化、体育、探险旅游等
3. 电子信息产业	新一代信息技术、信息通信服务、电子信息制造、软件和信息服务、移动互联网和物联网、区域信息内容服务等
4. 医药健康（中药材）产业	生物医药、健康养老、健康旅游、医疗服务、体育健身、中药材种植及加工等
5. 绿色食品（现代农业）产业	生猪、牛羊种植及精深加工、果蔬、中药材、茶叶、油茶种植及精深加工等
二、战略新兴产业（一类工业）	
1. 先进装备制造产业	汽车零部件、汽车装备、轨道交通设备、铁路养护设备、农业机械装备、节能环保装备、机器人、3D打印智能传感器、智能化生产线、数字化车间、智能工厂等
2. 新材料产业	纸浆新材料、化工新材料、电池配套材料、锗和锗基新材料以及光固化涂料、硫酸镍等化工新材料、石墨烯功能材料、3D打印材料、氮化镓材料、液态金属材料等
3. 文化（数字）创意产业	广告创意、动漫创意、发行印刷、会展服务、设计服务、文化艺术、广播影视、新闻出版等
三、传统骨干产业	
1. 冶金产业	有色金属深加工等
2. 能源产业	风电、生物质能发电、城市生活垃圾发电等
3. 建材产业	节能环保新型绿色建筑材料加工、石材加工、建筑陶瓷、卫生洁具、高档瓷器加工等
4. 轻纺产业	木材加工，木、竹、藤、棕、草制品加工，家具制造，造纸和纸制品加工，印刷，工艺美术，橡胶和塑料制品等

(续表)

重点产业方向	重点产业类别
5. 建筑业产业	钢结构、装配式混凝土结构为代表的装配式建筑产业等
四、现代服务业	
1. 生产性服务产业	金融服务、科创服务、商务服务、节能环保服务等
2. 生活性服务产业	居民和家庭服务、教育培训服务、房地产服务等
五、新业态新经济	
1. 智慧经济	大数据及云计算、物联网、移动互联网、数字视听等

资料来源：许顺松. 提升怀化示范区承接产业转移能力的对策研究 [J]. 科技和产业，2019（11）：73-79.

表 5-4　怀化市重点承接产业平台一览表[161]

重点平台	承接产业转移主要方向
怀化高新区	医药健康（中药材）产业、电子信息产业、绿色食品（现代农业）产业、先进装备制造产业、新材料产业、能源产业等
怀化经开区	现代（商贸）物流产业、医药健康（中药材）产业、生产性服务产业、先进装备制造产业等
鹤城工业集中区	现代（商贸）物流产业、医药健康（中药材）产业、绿色食品（现代农业）产业、建筑产业等
中方县工业集中区	绿色食品（现代农业）产业、医药健康（中药材）产业、先进装备制造产业、新材料产业等
沅陵县工业集中区	绿色食品（现代农业）产业、医药健康（中药材）产业、电子信息产业等
辰溪县工业集中区	新材料产业、电子信息产业、医药健康（中药材）产业、绿色食品（现代农业）产业等
溆浦县工业集中区	电子信息产业、医药健康（中药材）产业、绿色食品（现代农业）产业等
麻阳县工业集中区	电子信息产业、医药健康（中药材）产业、绿色食品（现代农业）产业等
芷江县工业集中区	电子信息产业、医药健康（中药材）产业、绿色食品（现代农业）产业等
新晃县工业集中区	新能源汽车及配套、医药健康（中药材）产业、绿色食品（现代农业）产业等
洪江区工业集中区	医药健康（中药材）产业、绿色食品（现代农业）产业等
洪江市工业集中区	电子信息产业、医药健康（中药材）产业、绿色食品（现代农业）产业、建筑产业等

（续表）

重点平台	承接产业转移主要方向
会同县工业集中区	医药健康（中药材）产业、绿色食品（现代农业）产业、轻纺产业等
靖州县工业集中区	医药健康（中药材）产业、绿色食品（现代农业）产业等
通道县工业集中区	医药健康（中药材）产业、绿色食品（现代农业）产业等
怀化国家农科园	绿色食品（现代农业）产业、现代（商贸）物流产业、生产性服务产业等
沅陵县现代农业产业园	绿色食品（现代农业）产业等
新晃黄牛文化产业园	绿色食品（现代农业）产业、生产性服务业等
芷江杨溪河现代农业科技示范园	绿色食品（现代农业）产业、现代（商贸）物流产业等
靖州农业特色科技园	绿色食品（现代农业）产业、医药健康（中药材）产业等
靖州县现代农业产业园	绿色食品（现代农业）产业、生态文化旅游产业等
湖南省怀化通道农业科技园	绿色食品（现代农业）产业、医药健康（中药材）产业、生态文化旅游产业等

资料来源：许顺松.提升怀化示范区承接产业转移能力的对策研究[J].科技和产业，2019（11）：73-79.

自示范区建设启动以来，产业链承接成新趋势。通过加大产业链招商和专业园区、特色产业小镇建设力度，沿海企业呈现出整体搬迁和抱团转移态势。如衡阳打造总投资 300 亿元的国际眼镜小镇项目，已吸引珠三角上下游企业 60 多家入驻；邵阳以彩虹玻璃为龙头打造"特种玻璃谷"，聚集香港泰胜国际、伟奇光电等一大批关联电子信息企业。尤其是，湘南湘西承接产业转移示范区大力实施了"产业项目建设年""迎老乡回故乡建家乡"等活动，着力抓好重大产业建设项目、科技创新项目、重大产品创新，引进五百强企业和科技创新人才，引导湘商回湘投资，促成了一大批项目落地发展。2019 年，示范区实际使用外资 54.79 亿美元，同比增长 11.6%；实际到位内资 2581.5 亿元，同比增长 19.1%；实现进出口总额 1151.1 亿元，同比增长 28.8%；怀化、邵阳进出口高于全省平均增幅，分别增长 88.5%、71.5%，衡阳、邵阳进出口总额在全省的排名较 2018 年分别上升 1 位和 2 位。

不一而足。

总结湘西湘南承接产业示范区的经验做法，主要在于以下四个方面：

一是精准承接创新机制。示范区6市州层层落实，政策支持落地落细。2018年，湖南省政府印发实施《湘南湘西承接产业转移示范区发展规划》，明确示范区6市州产业承接重点，制定园区重点承接产业指导目录，引导示范区产业科学布局、错位发展、差异承接。衡阳市重点承接装备制造和新能源产业，郴州市重点承接资源精深加工产业，永州市重点承接智能制造产业，邵阳市重点承接新型显示器件产业，怀化市重点承接汽车零部件产业，湘西州重点承接养殖业和新材料产业；制定印发了《关于支持湘南湘西承接产业转移示范区发展的若干政策》及实施细则，从平台建设、财税金融、招大引强、人才引进、降低成本等方面提出激励扶持政策。示范区6市州结合自身实际强化政策支持，包括用地保障政策、固定资产投资政策、财政奖补政策、财税补贴政策、金融服务政策，细化措施落地落实。湘西州出台示范区建设若干优惠政策，怀化市制定示范区建设考核暂行办法及招商引资若干规定，永州市大力实施产业链招商，邵阳市推进制造强市"一二三工程"三年行动计划，形成推进示范区承接产业转移的良好政策环境。

二是创新机制。示范区持续加大与东部沿海省市的产业对接合作，推进承接产业转移机制创新，推动示范区建设取得实效。湖南省政府定期在粤港澳大湾区、长三角地区举办投资贸易洽谈周活动，依托湘南湘西承接产业转移示范区等重点区域，有针对性地对接拟转出产业项目，推进湘商回乡投资创业。实施精准对接、专业招商，在广东深圳设立湖南—粤港澳产业转移服务中心，在江苏昆山设立湖南—长三角产业转移服务中心，与山东开展结对合作，建立集项目开发、发布、洽谈、审批备案、融资支持、跟踪服务等功能于一体的湖南招商云平台，推动一批产业项目落地实施。

三是惠企纾困，持续优化营商环境。建立"安商、稳商"工作问责制，进一步完善优化投资环境评价体系，大力整治部门与干部不作为、慢作为、无作为行为；严禁向企业征收"过头税"和提前征税；深化园区"放管服"改革，推行"马上办、网上办、就近办、一次办"和"最多跑一次"行政审批服务改革，深化"园区全程办、部门上门办、专人代帮办"行政审批服务，让企业能安心入园、安心投资、安心创业，真正将心思用在企业生产和市场经营上。同时开展市长绿色通道、部门绿色通道、前期手续代办、重点企业帮扶等特色服务，真正做到精准精细服务。湖南省政府印发了《园区赋权指导目录》，下放权限 173 个事项；组织开展园区区域评估，从"申请后审批"变"申请前服务"，从"单个项目评估"变"区域整体评估"，进一步提高审批效率，完善项目开发、招商引资、履约实施、开发建设等全流程跟踪服务。邵阳市将市级 232 项经济社会管理权限一次性下发到园区，承诺时限压缩 60% 以上，62 项行政许可事项压缩至 3 个环节，22 项承诺事项做到即办，实现园区事园区内办结。湖南省切实降低企业成本，全面落实五险一金过渡期减免、大工业用电优惠、加计扣除研发费用等惠企措施。2020 年，衡阳市三次下调一般工商业电价及非居民用气价格，减负 2.54 亿元。郴州市对转移产业企业取得执业证书的职工上浮 50% 给予补贴。永州市 7037 家企业参与电力市场化交易，降低用电成本 3625 万元。怀化市为 1644 家企业减免失业保险 1933 万元，为 5352 家企业减免工伤保险 9825 万元，为 5295 家企业减免企业养老保险 4.6 亿元。湖南省强化资源要素保障，优先保障"5个 100"重大产业项目用地需求，支持示范区园区开展调区扩区，安排专项资金对示范区园区基础设施和公共服务平台建设、人才引进等予以支持。

四是以市场化形式运作承接平台建设。示范区积极引导市场化企业参与园区开发建设和运营，通过政府购买服务、委托外包等方式实施，在产业招商、人才引进、园区运营等领域提供专业化服务，支持企业以"园中园"形式投资建设、运营特色产业园区。衡阳市引进华侨城集团整体开发建设合江套老工业区；永州祁阳市引进园区专业运营商合作建设、运营科创产业园，两年入驻企业 65 家；郴州市桂阳县引进广东省家具协会合作共建家居智造产业园；邵阳市北塔区建设特种玻璃特色产业园；怀化市靖州县建设茯苓特色产业园；永州市蓝山县打造皮具玩具省级先进制造业集群；邵阳邵东市打造五金工具省级先进制造业集群。衡阳市打造国际眼镜小镇，承接广东300余家眼镜企业及上下游配套产业[162]。

第九节 日本东京都市圈产业协同发展

东京都市圈建设共分两层,第一层是"大东京都市圈"(the Greater Tokyo Metropolitan Region),覆盖东京市及周边神奈川、千叶和埼玉三县;第二层是"全国首都圈"(the National Capital Region),涵盖了第一层大东京都市圈与其周边的山梨、群马、枥木和茨城四个县,两层区域均以东京市为中心,只是存在名称和范围的差异。东京都市圈在日本三大都市圈中经济实力最强,日本政府将国土厅任命为责任机构,以 1956 年制定的《首都圈整备法》为基础,为东京都市圈先后制定了五次规划,并且依据《国土综合开发法》五次发布对日本全国经济发展具有指导意义的《全国综合开发计划》,将东京都市圈和国土开发规划纳入日本法制建设程序中。20 世纪末以后,日本整体经济不甚景气,面临的信息化、老龄化、全球化时代挑战也更为严峻,对此,日本将发展重点放到都市圈内各城市产业分工上,重点发展各城市优势产业,在城际间形成互相补充的格局,使城市群最终成为一个新的"环状大都市轴"。东京都市圈核心区域及产业分布如表 5-5 所示。东京市产业布局极有层次,日本绝大多数的金融机构都集中在内城,按照产业特征由内向外依次分布不同的产业,城市最外围分布的是高能耗高污染的工业。在东京都市圈的不断发展中,优质产业不断向核心地区聚集,经过快速发展和产业优化升级后再扩散至城市周边地区,从而实现带动周边城市共同发展的目的。东京市不断将不再适合处在中心地区的产业优化升级后转移向周边城市。其中,多摩地区对接东京市转出的科学研究机构、高科技产业、大学等；川崎市位于日本神奈川地区东北部，负责利用技术进行产品的生产制造，着力发展制造产业；川崎港负责将大规模企业的产成品和生产原料在市场和城市圈之间进行运输；横滨市的港口逐渐向对外贸易港口方向发展。东京都市圈的一部分政府职能也在产业转移过程中向外围转移，埼玉地区利用转入的职能发展当地服务业，如金融、地产、旅游等产业，埼玉已成为政府机构、生活、居住、商务职能集聚之地，成为日本名副其实的副都。东京都市圈外围地承接和发展能力的不断增强，为整个经济圈的协同发展提供了稳固的动力。

就东京都市圈产业协同的发展现状来看，东京都市圈目前正着力推动高端产业转移，但产业分工协同发展有待继续完善，在这一过程中，产业集群在扩散作用下向外围城市转移，为周边地区发展提供新的活力，不仅有利于周边地区加快追赶中心地区的步伐，还有助于中心地区着力开发新产业和促进高新技术产业优化升级。周边城市在承接转入产业时发挥自身地理和交通优势，打造特色产业，取长补短，在强化区域经济协同发展的同时极大地促进了整个城市群的发展[163]。

表 5-5 东京都市圈核心地区及产业分布

地区	职能
东京	全国政治、经济、文化中心
神奈川	工、农、渔业的聚集地，拥有丰富的旅游资源和日本最大的贸易港——横滨港
埼玉	承接首都的一部分政治功能，是日本政治的又一集中点，是日本名副其实的副都
千叶	拥有关东地区最重要的海港之一——千叶港，主要负责进出口化学药品、重油、钢铁等
茨城	日本的科研中心，拥有助推日本经济高速腾飞的"筑波科学城"，筑波城和东海村在科技领域取得的成果频频惊艳世界
多摩	电子信息产业、研究开发机构、大学的聚集地

第十节　相关启示

前几节主要分析了非洲、韩国、新加坡,我国台湾地区、重庆市、皖江示范区、湘南湘西等承接产业转移示范区的经验和做法。产业转移与承接是一国或地区实现经济发展、产业结构优化升级的重要抓手。结合研究主题,上述的经验与做法主要有以下启示作用:

第一,积极改善营商环境,包括软硬环境。在产业承接过程中,迁出企业和转入地政府对于营商环境的建设与改善都是非常重要的。其通常的做法主要包括在土地、电力、税收、贸易、物流等硬环境方面给予迁入企业巨大的优惠。在软环境改进提升方面,其通常做法是加强劳动力素质培养,诸如应用技能和职业技能的培训。例如,重庆市在农民工户籍制度改革方面,城乡统筹,给予自愿申请城市户口的农村人口同人同权同体系同待遇,保护进城农民利益,这样做的结果,正如时任重庆市市长黄奇帆所说,一是解决了农民的利益问题,二是提高了农村劳动生产率,三是增加了城市消费,四是调整了传统沿海地区形成的"九三学社制"(9 个月上班,3 个月回家)的加工贸易生产方式。天津市在京津冀协同发展进程中,为了营造良好的营商环境,在原有天津市人民政府政务服务办公室的基础上,成立了天津市营商环境办公室,两部门合署办公。2017 年 11 月,出台《关于营造企业家创业发展良好环境的规定》(简称"津八条");2018 年 9 月,出台《天津市承诺制标准化智能化便利化审批制度改革实施方案》(简称"一制三化"),同时制定了"一制三化"改革公示办法、信用承诺办法、一网通办办法、全程监督办法、失信惩戒办法等 5 个系统性配套运行机制，把营商环境建设作为"放管服"改革的升级版。在首届中国营商环境引领奖榜单中，天津位居全国前五。在中央广播电视总台发布的《中国城市营商环境报告 2018》中，天津政府环境评价排名第三，金融服务评价排名第四，最终入围 2018 年中国城市营商环境综合排名前十位城市。2019 年，《2019 中国城市营商环境报告》显示，天津综合评价排名第九位。2020 年 12 月，粤港澳大湾区研究院、21 世纪经济研究院发布的《2020 年中国大中城市营商环境评价报告》显示，天津排名 16 位（较 2019 年排名上升 2 位）。

第二，有选择性地科学承接产业转移。尤其从新加坡、韩国，我国台湾、重庆地区的产业承接经验来看，上述这些地区在承接产业转移的初期，都会不约而同地选择去承接位于产业链中低端的产业，因为承接这些产业可以较为快速地解决东道国外汇缺乏、就业率低等关乎国民经济的关键问题。但伴随着地区产业结构调整升级，选择承接的产业往往位于产业链的高端，例如新加坡高端产业的 GDP 占比由 1985 年的 7.3% 上升至 1995 年的 52.3%，之后一直维持在 65% 左右，而这十年，正是新加坡产业结构发生调整升级的十年。关于承接产业转移方面的研究，国内学者向碧华（2011）[164]、徐曼（2018）[165]认为，可采用四个基准、七项指标作为其参考依据。其中，四个基准分别是经济效益基准、产业发展潜力基准、就业基准和可持续性基准。七项指标分别是利税规模、总资产贡献率、市场占有率、需求收入弹性、投入创造的就业率、就业吸纳率和成本费用利润率。很明显，经济效益基准和产业发展潜力基准是为了经济增长和产业发展考量的，选择就业基准和可持续性基准是为促进就业和生态环境保护考量的。2018 年，工信部发布了"关于《产业转移指导目录（2018 年本）》的公示"，对全国 31 个省市区产业转移情况进行了详细说明。目录中对于天津产业转移的要求是加快发展先进无机非金属材料、碳纤维、高性能复合材料及特种功能材料、战略前沿材料等产业。"包括天津沿海岸线区域，依托临港经济区、南岗工业区、东疆港保税区等重点产业聚集区，利用港口优势和制造业基础，重点发展临海产业、先进制造业和生产性服务业，重点推进中欧先进制造产业园、临港装备制造产业基地、南港石化产业基地建设，形成与生态保护相协调的沿海临港产业发展带。"再者，根据京津冀三地政府共同制定的《京津冀产业转移指南》，"坚持创新、协调、绿色、开放、共享五大发展理念，有序疏解北京非首都功能，推进京津冀产业一体化发展。坚持市场在资源配置中的决定作用，发挥政府在产业发展中的引导作用。坚持产业转移与产业转型升级、创新能力提升相结合，与培育产业集群竞争力、适应资源环境承载力相结合，不断调整优化区域产业布局，构建'一个中心、五区五带五链、若干特色基地'（简称'1555N'）的产业发展格局"。

第三，在承接外来产业转移时，一定要与形成本地特色产业发展相结合。

我国台湾地区、韩国、新加坡在早期承接电子产业转移时，都坚持走与形成本地特色产业相结合的路子，时至今日，上述地区已经形成的半导体产业位居世界前列。例如，作为承接成都双流区和武侯区两地鞋业产业转移的承接地四川省资阳市乐至县，将纺织鞋服作为乐至县发展的第一主导产业，建设全产业链的鞋业特色小镇。

第四，在承接外来产业转移时，一定要与形成产业集聚效应相结合。

产业转入具有一定程度的"先后顺序"，那些关联性较强、规模较大的企业被看成是引领性企业，其能不断地吸引竞争性或上下游企业、机构跟随迁入。首先，应以陆续塑造网络状产业链格局为目标，创新驱动引领性企业逐步向"链主"演进。一般而言，网络状产业链"链主"以设计产品研发平台、品牌塑造、营销服务创新为核心，不断协同价值创造过程，陆续构建产业链的协同创新联盟。逐步吸引主导厂商入驻，大幅度促进企业组织创新与技术创新，逐步吸引与改造配套的上下游产业。在此情况下，主导厂商与供应商之间从集权治理的组织构架陆续转为主导厂商塑造的"共赢"平台。同时，主导厂商设计产品系统构架不断把中间产品进行标准化、规格化处理，并在此基础上有效制定供应商认证制度和体制机制，从而与供应商构建较为稳定的组织关系。主导厂能逐步增强核心零部件技术能力，进而不断增强配套企业技术能力[166]。例如，上文中重庆市就形成了三个产业集群，分别是零部件、原材料、整机上中下游产业链形成的集群，即"5+6+860"；加工贸易总装厂集群；物流运输、销售结算等生产性服务业与制造业集群。又如，广西柳州市在承接上汽通用五菱汽车项目转移过程中，通用五菱拉动产业链共同发展，以上海宝钢、上海汽车变速器、联合汽车电子、延锋内饰、德国大陆、李尔、施耐特电子、玲珑轮胎等为代表的 50 余家汽车零部件厂商进驻位于广西柳州的宝骏汽车城、河西工业园、阳和工业区，实现了高端产业集群效应。

第五，在承接外来产业转移时，一定要与区域创新驱动发展战略相结合。

传统的产业承接使输入地成为边际产业的承接地和污染避难所，产业发展缺乏持续动力，承接理念应从传统的产业承接过程转向"产业再造"，由被动接受技术溢出转向主动参与创新，在承接中增加创新能力，通过创新增强产业的根植性[167]。2016 年 5 月，中共中央、国务院发文要求各地区各部门认真贯彻实行《国家创新驱动发展战略纲要》，天津市作为中国经济的一部分，其创新能力的高低也影响着国家整体创新能力，因此，通过主要承接来自北京产业转移来贯彻落实国家创新驱动发展战略具有十分重要的现实意义。

第六，我国正在逐步改变被动承接国际产业转移的角色，企业"走出去"步伐加快。

近年来，我国企业"走出去"步伐加快，海外投资力度加大。2013 年，我国对世界直接投资净额达到 1078 亿美元，与吸收外商直接投资的 1187 亿美元相当。据商务部统计数据显示，2014 年中国海外投资首次超过中国吸引外资数量，就行业分布来看，2014年对外投资规模最大的产业仍然是采矿业，其次是金融业、批发和零售业、制造业等，其中制造业领域对外直接投资净额大幅上涨，从2007年的21.26亿美元上升到2012年的86.7亿美元，2018年我国全行业对外直接投资1298.3亿美元，同比增长4.2%。2018年对外投资结构趋于多元化，主要流向租赁和商务服务业、制造业、批发和零售业、采矿业，占比分别为37%、15.6%、8.8%和7.7%。在上文中提到的中非经贸合作区就是国家为促进企业"走出去"而实行的一种国家战略。我国政府为合作区提供了各种支持，从资金的扶持、产业指导、税收优惠等六方面为承建企业与入园企业提供了较为系统的服务和支持。通过经贸合作区这一形式将产业转移到东道国，不仅能够带动产业转入地的经济发展，还能够为我国产业的升级换代提供资源和空间。

第六章 承接产业转移推动天津产业结构优化升级的内在机理分析

就现有研究成果来分析[168-170]，承接产业转移对省域产业结构的优化调整具有促进作用。我国自东部地区向中西部地区转移相关产业以来，中西部地区的产业结构不断得到优化，经济水平日益提高。承接产业转移往往伴随着资本、技术、理念等要素的同时转移，这在很大程度上促进了转入地自身产业的优化升级。随着京津冀协同发展战略的实施，京津冀间产业转移对承接地的经济效应开始显现，承接地获取先进技术主要依靠京津冀间的研发外溢。为更好地参与产业分工和优化承接地资源配置，随着京津冀间产业转移与承接的深化，必然要求承接地逐步摆脱当前的垂直产业分工体系，从全球价值链的低端向高端转变，而产业承接将是承接地非常重要的契机，借此提升自主创新能力，进而实现承接地的产业结构升级。

第一节　承接产业转移影响产业结构优化升级的作用机理分析

理论上产业转移与承接对承接地产业优化升级有较为重要的影响，然而这种影响的作用机理是什么？纵览相关文献，产业转移与承接对承接地的产业优化升级的作用机理，主要是从以下三个方面入手：

一、转移效应

产业梯度差异是区域产业转移的基础条件。相关研究表明[171]，必须保持一定的产业梯度差，产业转移才会达到最佳效果，梯度差太大或太小，两地间的产业转移都不理想。梯度太大，表明两地产业基础差距太大，产业转移的成本高，效益低下，从而发生产业转移的难度太大，必然阻碍产业转移发生；反之，梯度差太小，两地的产业发展水平接近，没有比较优势，一方面主体企业无利可图，缺乏转移的动力，另一方面转出区域地方政府为保持产业优势会设置障碍，以此妨碍产业转移的发生，同时重复建设也不是承接地所希望的。同时，对于转移效应的研究，大多数学者更加聚焦其正面效应，尤其是对于承接地而言，包括就业、产业关联、技术溢出、产业结构升级等维度。

二、溢出效应

区际产业转移与承接在一定程度上解决了各地区因资源、技术等条件的不足而导致的经济发展不平衡的问题，促进了地区的经济均衡发展，但是，区际产业转移常常伴随着技术和污染的双溢出效应。关于污染相关分析已经在本书文献综述中有所体现。刘满凤等（2017）认为[172]，中部各地区的技术进步主要由区域内的 R&D 投入决定，由国际和国内产业转移带来的技术溢出效应不明显，他们进一步认为，近几年中部地区产业转移的质量不高，所承接的主要是劳动密集型产业和产业链低端产业，而非技术密集型产业和高端产业。目前，京津冀协同发展战略实施背景下，三地间产业转移效应已初步显现，有学者认为[173]，产业转移对河北省的技术溢出、产业集聚、经济增长和产业升级均有一定的影响，其中，FDI 对技术溢出效应不显著。

三、集聚效应

通过承接产业转移的机会，真正实现产业集聚，进而实现区域协调发展。在某一区域形成产业集聚之后，具有更强的产业承接能力。根据刘玉洁

（2015）[174]的观点，产业集聚与产业转移具有互动关系，产业集聚过程中伴随产业转移，产业集聚吸引产业转移，规模不经济的产业集聚引起新的产业转移。继而，目前产业集聚多以开发区、工业园区、专业市场、行业集聚等主要模式存在。但同时要注意的是，一些承接地区并不具备相应的配套产业链，致使转移企业的一些生产环节无法被市场专业化分工，纵向非一体化的困难削弱了产业的生产效率，进而影响产业集聚的循环累计效应。根据新经济地理理论，由于要素禀赋的不同或历史和偶然因素的作用，一个产业在某地区形成，之后累计循环的因果关系开始发挥作用，不断强化的集聚效应使得生产要素不断向该地区集中。集中进一步扩大了集聚效应在这种"正反馈"机制下，产业的集聚中心形成，功能不断得到强化[175-178]。

第二节　承接产业转移影响天津产业结构优化升级取决于市场与政府的作用合力

企业是产业转移的主体，企业是否转移取决于自我决策，企业的决策离不开市场的作用。就发生在京津冀三地之间的产业转移与承接来讲，首先，随着北京"大城市病"的发展，其生产资源被不断消耗，但生产要素市场供不应求，完善市场机制以致企业为了生存而开始考虑转移。一旦决定转移，企业还面临着诸如转移到哪里、以什么方式转移、转移后企业是否能够获利等一系列问题，而完善的市场机制则可以保障企业获得充分信息的效率性，企业可以依据获得的信息作出转移的决策。在完善的市场机制下，理性且独立决策的企业遵循的决策逻辑如图6-1所示[179]：

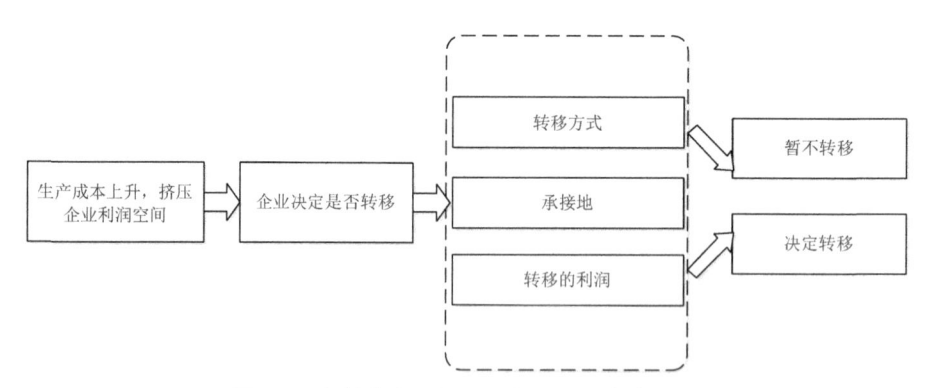

图6-1　完善的市场机制下企业转移决策逻辑

为加快区域内产业结构调整，以市场调节为基础，政府与市场共同作用的产业转移是我国区域内产业转移的主流。自京津冀协同发展上升为国家战略以来，为疏解北京非首都功能，党中央设立雄安新区，国家、三地政府鼓励部分产业向区域内转移，三地承接产业明确，国家对于三地定位非常明确，为此四部门联合制定了《京津冀产业转移指南》，京津冀三地共同发布了《关于加强京津冀产业转移承接重点平台建设的意见》。但是要认识到，政府发挥的作用不是用直接的行政配置方式取代市场，而是在市场调节失灵时通过计划调节为市场的有效作用创造条件，保证产业转移与承接的顺利进行（见图6-2）。

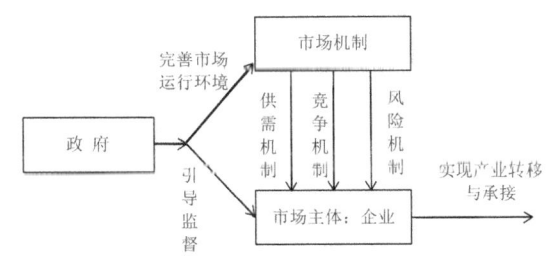

图6-2 产业转移与承接中政府与市场机制和企业关系图

在珠三角产业转移与承接过程中，由于当时市场机制、政府、企业的角色调解不当，出现了一些问题，据相关研究显示[180]，主要存在的问题：一是由于市场机制不完善，政府弥补作用不到位，使区域间经济发展水平差距很大；二是由于市场运行环境无序，竞争机制无法正常运作，使企业创新活力缺乏，产业结构调整举步维艰；三是由于市场引导不够，政府推动有余，企业自主权受限，导致园区闲置，造成资源浪费。同样，这些问题也是在京津冀产业转移与承接过程中需要高度重视的问题。在产业转移与承接中，政府的作用相当重要，产业转出地与转入地的政府干预，在很大程度上决定了产业过程中的成本，而且企业的自主选择有时也会受到政府的干预。产业转移与承接中政府发挥作用的基本原则主要包括了间接性调控原则、计划性指导原则、重点突出性原则和多手段综合性原则。在这些原则的指导下，政府在产业转移与承接过程中可以发挥其应有的作用，主要包括弥补市场失灵、优化资源配置和维护区域的经济安全[181]。天津市在主要承接北京八大产业转移过程中，对于那些非常适合承接的产业，例如智能制造装备业、电子信息业、服务业、商贸业等，承接之后可以巩固天津当地主导产业或是与主导产业高关联度的产业。产业转入地政府就会采取优惠政策，例如，为吸引人才落户天津出台的《"海河英才"行动计划》，为优化营商环境出台的《天津市承诺制标准化智能化便利化审批制度改革实施方案》，为推动产业结构调整升级制定的《天津市优化工业用地管理促进产业结构调整升级实施方案》等。对于那些可以承接但承接之后会带来环境污染等不利于当地经济发展的问题的产业，政府不会提供任何优惠政策，例如，在天津市出台的《天津市2018—2019年秋冬季大气污染综合治理攻坚行动方案》中，严控"两高"行业产能，全市钢铁产能严格控制在2000万吨以内。这就意味着，在承接产业转移的过程中，天津市已经将高污染高耗能产业排除在承接范围之外。天津市在承接北京产业转移过程中效果明显，有数据显示，2016年至2018年上半年，北京来津经营（或者在津投资）企业8116家，呈现区域聚集化、行业高端化的特征。2016年至2018年10月，北京企业在津累计投资金额3590.54亿元，占外省市在津投资额的38.9%，占比为各省市最高。再者，对于天津市现有产业结构调整升级起到了非常大的促进作用，据《2018年天津市政府工作报告》显示，超大型航天器、空客A330完成和交付中心等一批重大工业项目竣工投产，高端装备、航空航天等十大优势产业占全市工业比重超过78%，现代金融、科技服务、信息服务、旅游会展、电子商务等提速发展，第三产业比重提高到58%。在产业转移过程中，企业可以获得降低成本、扩大市场和提高知名度、便于生产协作、促进企业升级发展等益处，以上这些都可以通过完善市场机制达到目的，但政府追求的是整个区域内的经济与政治发展，所以政府还要考量产业转移承接后，对于本地造成的产业空心化和就业紧张化、对于转入地产业的冲击等方面的影响，在承接产业转移中，要同时发挥市场机制与政府两方面的作用，形成合力。

第二节　承接产业转移影响天津产业结构优化升级关键途径

产业结构优化升级主要包括两种方式：第一种是产业结构在不同产业间发生变化。根据产品的生命周期可知，某一特定产品的生命周期依次可分为投入期、成长期、成熟期和衰退期。相应地，如果某一产业的生存和发生是依托某一个或某一类产品，则该产业的生命周期也依次可分为形成期、成长期、成熟期和衰退期。一旦某一产业进入衰退期，就会逐渐被其他新的产业替代。例如，我国由东部沿海地区向中西部地区的产业转移大多属于这种形态。第二种方式是产业结构在同一产业内进行优化升级。对于大部分产业而言，从形成到衰退需要经历一个漫长的过程，尤其是当进入衰退期后，往往"衰而不退"，伴随着承接产业的转入，在社会需求依然存续的前提下，该产业随着技术的不断进步和产品的不断更新，其内部优化升级完成，该产业重新焕发出生命力[182]。例如，北京金隅股份有限公司与唐山冀东发展集团完成股权重组，使处于亏损状态的冀东水泥在重组后的2018年上半年盈利4.8亿～5.3亿元。

目前，天津的产业结构基本完成由第二产业向第三产业的转型阶段，2007—2017年，天津市第三产业规模持续增长，占比不断扩大，2017年天津第三产业GDP实现10787亿元，占GDP总值的58%，三产规模仅次于四大一线城市（北京、上海、广州、深圳），三产占比位居十大城市第六位，"三二一"产业格局基本形成。2016年、2017年、2018年，天津服务业高位增长，在 2018 年占全市生产总值的比重为 58.6%，对全市经济增长的贡献率大，成为天津经济转型升级的重要推手。产业集聚效应明显，形成以滨海新区现代制造为主、中心城区高端都市工业和区县特色工业相互补充共同发展的产业空间发展格局，具体如图 6-3 所示。

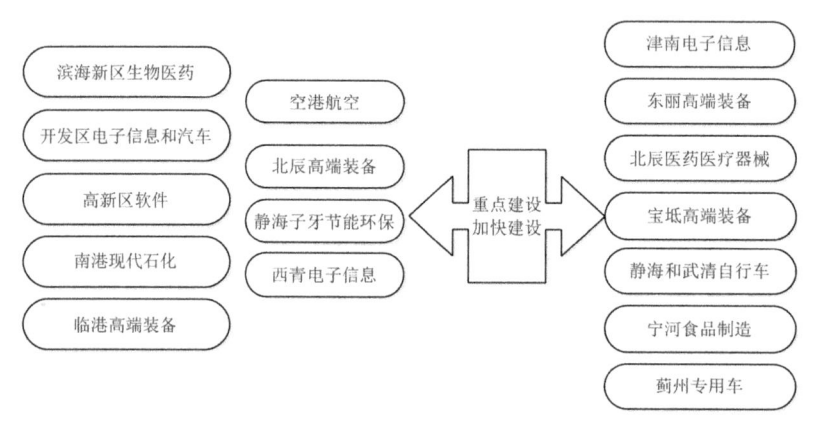

图 6-3 天津产业布局图

再者，天津产业园区较多，其中以高新技术、先进制造业为主导产业。天津市目前共有 107 个产业园区，包括 14 个国家级、93 个省级及省级以下产业园区。其中滨海新区、武清区、西青区产业园区较为集中，且国家级产业园区较多，具体如表 6-1 所示。

"十二五"期间，天津国家资助创新示范区获批建设，国家级企业技术中心、国家技术创新示范企业均有了较大规模的增长，企业的创新主体地位进一步得到加强，企业技术创新体系不断完善。具体来讲，国家级企业技术中心达到 45 家，比"十一五"末增加 60.7%，国家技术创新示范企业 10 家，全市规模以上工业企业研发投入占主营业务收入比重达 1.15%，占全社会研发投入的比重超过 70%，市级企业技术中心达到 544 家，比"十一五"末增长 67.4%，工业企业授权量占全市的 74.8%，工业企业专利申请量占全市的 81.5%。根据《京津冀协同发展规划纲要》《京津冀产业转移指南》《关于加强京津冀产业转移承接重点平台建设的意见》等政策文件以及"十三五"规划，天津将构建京津高新技术产业发展带，利用港口、岸线资源建设滨海新区海洋产业发展带，培养一批科技型、循环型、生态型先进制造产业增长极，形成"两带集聚，多级带动，周边辐射"的产业空间布局，以增强产业集聚度和关联度。天津将构筑以10个高端产业、3个具有比较优势产业、8个新兴产业、2个传统产业为基础的"10+3+8+2"产业新体系，重点发展高端制造和新兴产业、传统优势产业、国防科技工业，建设创新引领、集约高效、智能融合、绿色低碳的先进制造业体系，基本建成全国先进的制造研发基地。

表6-1 天津产业园区分布表

地区	国家级	省级	市级	市级以下	总计
滨海新区	3	1	7	12	23
武清区	4		6	10	20
西青区	4		2	11	17
津南区			6	6	12
宝坻区		3		3	6
北辰区	1		3	1	5
东丽区		1	2	1	4
静海区	2	1	1	1	5
蓟州区		1	2	1	4
宁河区			2	2	4
红桥区			1	1	2
南开区			1	1	2
和平区				1	1
河北区			1		1

资料来源：根据天津市产业园区资料整理。

根据上述分析，近年来天津市产业结构优化升级的发展路径与京津冀协同发展战略中关于承接北京产业转移以及中央对于天津市的"一基地三区"的定位相符合，总结起来，就是依托承接北京产业转移，借助北京市疏解非首都功能的契机，结合自身优势产业，促进高新技术、产业向天津集聚，进而带动天津市产业结构优化升级,具体如图6-4所示。

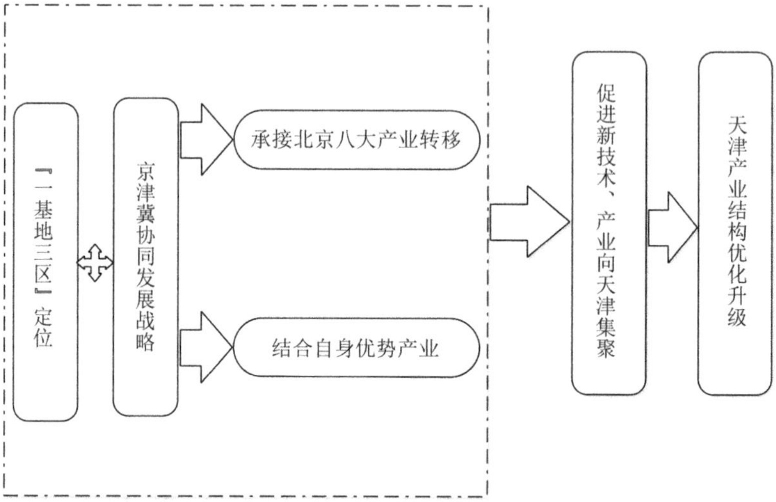

图6-4 京津冀协同发展对于天津产业结构优化升级作用图

理论上讲,承接产业转移有利于承接地产业转型优化升级,就天津市而言,在承接主要来自北京的产业转移过程中,其基本途径分为宏观、中观、微观三种,促进天津产业结构优化升级。其一是通过整合升级价值链这一宏观途径推动产业结构优化升级。例如,天津在全国率先启动"天津市人工智能科技重大专项",制订人工智能"七链"精准创新行动计划以及合成生物技术创新能力提升行动实施方案,精准实施互联网跨界融合创新、新药创新、生物医药工程等一批科技重大专项与工程,成功培育飞腾、天士力、康希诺等一批企业,形成自主可控CPU、操作系统、埃博拉病毒疫苗等标志性产品,支持滨海高新区基于现有的自主可控信息系统产业链,推动东丽区智能网联车产业集聚发展,建立人工智能产业与示范小镇,支持保税区建设先进通信产业基地,支持滨海高新区发展数据存储、清洗、分析、应用、交易的大数据全产业链,建立于家堡医疗大数据产业基地。其二是通过调整产业结构这一中观途径推动产业结构优化升级。天津目前在产业结构上已经呈现出"三二一"这一格局,第三产业的占比逐年升高,随着北京八大产业转移至天津，为天津带来了先进的产业，特别是中央对于天津产业创新中心的定位，使新兴产业特别是智能化、信息化、绿色结合在一起的产业成为天津产业转型的一个标志。其三是通过优化要素配置这一微观途径推动产业结构优化升级。例如，天津出台《天津市优化工业用地管理促进产业结构调整升级实施办法》，办法中规定保障战略性新兴产业项目发展用地，优先保障市重点发展的战略性新兴产业项目用地，支持实体产业和科研创新产业融合发展。以上政策在间接上使企业降低了要素成本和交易成本，增强了要素配置效率，其结果是要素配置由低效率的落后产业转向高效率的先进产业，进而推动产业优胜劣汰，最终实现产业结构的优化升级。

第四节　承接产业转移影响天津产业结构优化升级的支撑力要素

产业转移与承接对于区域产业结构优化升级具有积极的影响。转入地在承接产业转移过程中，为完成转入地产业结构优化升级这一目标，必须在产业承载力要素、产业选择要素、科技创新及转化要素与产业配套能力要素等四方面构建支撑体系。

一、产业承载力要素

对于产业承载力要素，在产业结构布局调整过程中，需要明确城市产业的最优规模，即产业承载的上限水平。产业规模过大或过小都会影响承接地经济发展，产业结构调整升级更无从谈起。周京奎等（2018）[183]构建了关于城市产业承载力指数评价指标体系，包括城市基本经济状况、城市生态环境状况、城市就业及收入状况、城市企业状况、城市资源约束、城市行政地位和区位约束、城市公共服务状况、城市教育科研状况。对于天津市综合承载能力来讲，阎东彬（2015）[184]认为，天津市在环境、资源交通方面承载力弱化，应当适当疏散，选择承接，依托金融、港口等优势实现持续快速发展。结合天津市实际情况，以河北区为例，该区主要从以下四个方面提升其产业承载力：一是依托意式商务区高端服务业聚集区和国家自主创新示范区河北分园两个产业组团，完善配套功能，提高业态品质，促进各产业要素集聚发展。二是打造楼宇经济"升级版"。意式商务区在加强保护的基础上，突出品质和品牌提升，利用有限载体资源优选项目，实现更高质量和效益。创新楼宇服务模式，完善"专业楼宇+专员服务"的工作机制，实现精准服务。三是促进产业园区提升改造。以加快张兴庄产业园开发建设为重点，推进新开河以北地区产城融合发展。推动意式津浦产业园规划调整和产业转型升级，加快天明创意产业园钢琴博物馆等项目建设，优化用好闲置老旧工业厂区资源。四是加快现代商业综合体建设。中铁国际城社区型购物中心等项目开业运营，诺德中心（律东）项目加快建设，为产业发展提供了有力的载体支撑。

二、产业选择要素

在产业转移承接过程中，关于产业选择的问题，已经有学者进行了研究。徐曼（2018）[165]认为，河南省承接产业转移的选择基准应以经济效益基准、产业发展潜力基准、就业基准和可持续性基准等四个方面共七项指标（利税规模指标、总资产贡献率指标、市场占有率指标、需求收入弹性指标、投入创造的就业率指标、就业吸纳率指标、成本费用利润率指标）作为产业选择的参考依据。马诗怡等（2017）[185]认为，赣江新区在承接广东、浙江、上海、江苏的产业转移过程中，应将纺织服装、服饰业、非金属矿物制品业、电气机械和器材制造业等14个产业作为其产业选择。结合研究背景与研究对象，有学者认为[186]，天津市在壮大第三产业过程中应选择金融业、租赁和商业服务业、科学研究和技术服务业、水利、环境和公共设施管理业作为其主导产业。建设全国先进制造研发基地既是中央对于天津的新城市定位，同时也是京津冀协同发展过程中天津对于主导产业的必然选择。天津市主要发展壮大十大产业集群，包括高端装备、航空航天、生物医药、集成电路、新型元器件、机器人、新能源汽车、3D打印等高端产业集群。为大力推进高端产业的发展，天津市制定了相应的政策文件，部分政策具体如表 6-2 所示。

表 6-2　天津市重点发展产业支持政策一览表（部分）

编号	政策	重点支持发展产业
1	天津市高端装备产业发展三年行动计划（2015—2017 年）	高端装备制造业
2	天津市关于加快推进智能科技产业发展发展若干政策	大数据、机器人、信息服务业、集成电路设计、智能软硬件等
3	天津市软件和信息技术服务业发展三年行动方案（2018—2020 年）	软件、信息技术服务业
4	天津市生物医药产业发展三年行动计划（2015—2017 年）	生物医药产业
5	天津市智能医疗与健康专项行动计划	智能医疗产业
6	天津经济技术开发区推动生物医药大健康研发和产业化的实施办法	大健康产业、生物医药产业
7	天津市机器人产业发展三年行动方案（2018—2020 年）	机器人产业
8	关于深化"互联网+先进制造"发展工业互联网的实施意见	互联网产业、高端制造业等

资料来源：根据天津市相关政策整理。

三、科技创新及转化要素

产业承接是为了加速本地工业化和现代化进程，提高本地全要素生产率水平，就会引进技术水平较高的产业。按照区际产业转移理论，主要有三种方式：其一是直接投资，其二是区际贸易，其三是区际合约性生产[187]。直接投资是在产业承接地新建拥有较高技术的企业，这些企业建成后，其技术水平的溢出会带动承接地科技创新能力水平的提升。例如，据北京市科委统计，在 2017 年，北京输出津冀技术合同成交额同比增长 31.5%。区际贸易对于科技创新的影响可以分为普通贸易对科技创新的影响和技术贸易对科技创新的影响。显然，普通贸易这种形式由于转入承接地的技术水平较低,因此对于承接地科技创新的影响较小。天津在主要承接来自北京的产业转移过程中,采用普通贸易这一形式的极少。相应地,技术贸易对于承接地科技创新水平的提升具有较大的影响。区际技术贸易是最直接、最快捷的技术知识转移方式,这种技术引进方式既能增加技术引进地区的技术存量,又能激励该地区本地人员进行二次创新和集成创新,最终实现原始创新。不过,区际技术贸易有其前提条件,这就是承接地要具有一定的科技基础。同时,承接过来的技术并不是其最先进的技术,这就要求承接地在引进技术的同时要进行二次创新,否则就会陷入"引进设备—技术进步—引进技术设备过时—再引进"的怪圈。区域合约性生产由于采用的是由较发达地区的企业同落后地区的企业进行合作的形式,诸如OEM(俗称代工)生产方式,这种形式在天津市是极少见的。例如,韩国三星公司在天津关闭了手机工厂,转而在天津投入24亿美元,对其产品结构进行调整,同时投资建设全球领先的动力电池生产线和车用MLCC(多层陶瓷电容器)工厂等项目。科技创新向转入地原有产业渗透是一个系统和过程,其输出促进了产业结构升级和国民经济的发展,其输入受市场需求、高技术投入、资源支持和政策驱动的影响[188]。科技创新转化,抑或是科技产业化后才能发挥其变革资源配置方式的作用,才能促进产业结构优化升级。科技创新转化(产业化)的过程是技术创新顺利完成并成功进行创新扩散,促使国家产业结构升级的过程,是一个系统化的过程。只有科技创新被更多的企业、产业所采用,才能实现产业结构优化升级,可见,科技创新产业化是促进产业结构优化升级的根本动力。科技创新完成后,从创新扩散到结构升级这一时期称为转化(产业化)的高级阶段,这一高级阶段是通过提升社会需求结构和改善产业技术结构来促进产业结构优化升级的。具体来讲,会产生三种结果:其一是高技术产业规模的壮大,其二是相关产业主要是传统产业的技术升级,其三是新兴产业群的兴起[189]。产业结构的优化升级具体是通过上述三种结果来实现的。例如,2016年天津设立京津冀产业结构调整引导基金，总规模 100 亿元，投资于天津市高端装备制造、新一代信息技术、航空航天、新材料、生物医药、新能源、节能环保、现代石化、现代冶金、现代服务业等领域。另据 2017 年天津统计公报显示，"三新"产业投资 1926.15 亿元，占天津市投资的比重为 17.1%，高技术服务业投资增长 66.6%。又如，据 2018 年天津统计公报显示，高技术产业（制造业）增加值增长 4.4%，快于全市工业 2.0 个百分点，拉动全市规模以上工业增加值增长 0.6 个百分点。战略性新兴产业增加值增长 3.1%，快于全市工业 0.7 个百分点。新能源汽车产量增长 4.1 倍，锂离子电池增长 23.7%，服务机器人增长 94.3%，工业机器人增长 20.0%。

四、产业配套能力要素

胡凯等（2017）[190] 认为，地区产业配套能力的形成主要有两条途径：一是企业家在逐利动机驱使下主动为本地产业配套，围绕主导产业构筑产业链，形成产业集聚；二是地方政府为提高本地经济增加值、税收、就业等，采取或明或暗的保护手段阻碍外地中间品流入，以提高本地中间品供应的比重。地区产业配套能力反映的是地区产业发展所获得的本地市场的支撑程度。基于研究背景，显然适用于第一条途径。产业转移对于承接地本土企业产业配套能力的影响机制，据已有研究成果显示[191]，主要分为投资分摊、技术转移、产业关联、竞争推动、产业集聚、模仿创新和人员流动机制等七个层面。天津承接了大量来自北京先进制造业的转移，那么，产业配套能力对于制造业有无影响？据相关研究显示[192]，制造业的生产率受益于产业配套能力的提升。再则，产业配套能力能否对于产业结构优化升级有重要影响？廖涵（2003）[193]、刘德学（2006）[194]、朱明华等（2009）[195] 认为，我国加工贸易升级的制约因素之一是产业配套能力不足。于瀚（2016）[196] 认为，加速产业配套可以促进我国加工贸易转型升级，具体通过产业集群这一形式实现加工贸易转型升级。天津市自身产业配套能力较强，主要表现在以下几个方面：第一，天津市有制造业基础优势。天津是中国近代工业的摇篮之一，工业基础较好。自改革开放以来，天津发展了电子、通信、汽车等现代高科技产业，完善了基础工业，形成了门类齐全的现代制造业体系，这为后期制造业结构的优化奠定了基础。例如，天津经济技术开发区形成了汽车、电子、石油化工、医药健康、装备制造等五大支柱产业以及现代服务业、新兴产业共同发展的多元产业格局。如今，天津开发区已发展成为国内最大的手机、芯片、汽车、数码视听、电子元件、方便食品的生产基地之一，特别是在胰岛素、酶制剂、风电装备等领域在国内拥有重要地位。第二，天津拥有科技、人才、金融等资源优势。据《2018年天津市国民经济和社会发展统计公报》显示，全市共有普通高校56所，高校在校生52.33万人，全年研究生招生2.48万人，在校生6.81万人。全市8项科技成果获得国家科学技术奖，其中，国际合作奖1项、自然发明奖1项、科技进步奖6项。市级科技成果登记数2331项，其中，属于国际领先水平的有94项、达到国际先进水平的有262项。"天河三号"百亿亿次超算原型机研制成功，12英寸半导体硅单晶体打破国际垄断，水下滑翔机下潜深度再创新高。国家高新技术企业达5038家，科技领军企业达到55家，新认定市级"杀手锏"和重点新产品279项。启动市级技术创新中心建设，新备案25家市级众创空间，新认定24家市级工程技术研究中心、8家市级科技企业孵化器。全年受理专利申请9.90万件、专利授权5.47万件，其中发明专利5626件；年末有效专利16.89万件，其中发明专利3.21万件。年末，全市共有国家级重点实验室13个，国家级工程（技术）研究中心12个，国家企业技术中心61家。全年签订技术合同11315项，合同成交额725亿元，增长10.2%；技术交易额553亿元，增长11.3%。"海河英才"行动计划引进人才13.3万人，其中技能型、资格型人才4.7万人，一批顶尖领军人才和急需紧缺的高层次人才汇聚天津。在津院士37人，新建博士后工作站10个，年末博士后流动站、工作站339

个，新进站博士后 394 人。第三，交通优势。天津将着力构建开放式大通道格局，形成陆海内外联动、东西双向互济，通达西北、华北，延伸中西亚和欧洲，辐射东北亚、东南亚和海上丝绸之路沿线国家的陆上、海上、天上、网上"四位一体"的连通网络，以海空两港为核心，建设北京和雄安新区的重要出海口，建设"轨道上的京津冀"，建成京津保唐 1 小时交通圈、京津冀主要城市 1～2 小时交通圈，形成铁路联网便捷高效集疏港体系，建设海空港枢纽、航运服务业、临港产业三大功能承载区，建设综合交通运输信息大数据中心，建立决策数据化、管理信息化、业务平台化、服务多样化的智能交通运输体系。

第五节　承接产业转移影响天津产业结构优化升级的内在机理结构模型

鲁彦秋（2018）[197]分析了产业承接对我国产业升级的影响，一是通过吸引国内外的 FDI 和内资投资提，高产业承接地的经济增长水平；二是产业承接地获得外来投资的技术溢出，并学习到先进的管理制度和先进思想，从而促进创新能力增长和产业升级；三是通过提高产业承接地的经济发展水平，促进居民收入提高，增加需求，从而促进产业结构优化升级；四是不当的产业承接会导致地区产业在产业链中的低端锁定，不利于产业升级。不难看出，产业承接对经济增长、技术溢出、产业结构、产业素质的影响是相互关联的，产业承接通过影响技术溢出、产业结构、产业素质可以影响经济增长和产业升级；而产业承接的技术溢出效应可以促进产业结构的优化升级和产业素质的提高；产业承接可以通过产业结构的调整来促进产业技术的溢出效应，产业承接还可以通过调控产业素质来影响产业结构的调整和技术溢出的效应，它们之间相互关联、相互促进，形成一个有机整体。作为提升产业结构重要途径和手段的产业转移与承接，主要通过三个方面发挥作用：一是承接效应，二是溢出效应，三是集聚效应，具体如图 6-5 所示。

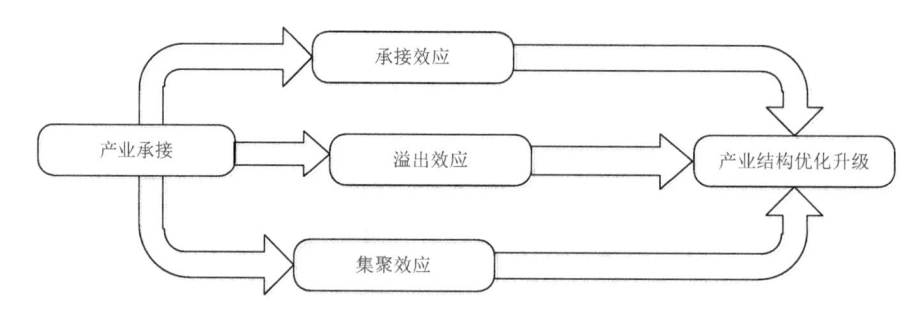

图 6-5　产业承接对产业结构优化升级作用机理图

产业转移可以让转出地甩掉包袱，进行产业结构升级，同时也为转入地产业结构升级带来契机。转出地具有资金、技术等生产要素方面的优势，而转入地具有土地、劳动力、原材料等资源方面的优势，同时，转入地还具有一定的科技、产业配套能力，因此，转入地在积极承接产业转移的过程中，借此可以推动产业结构优化升级，这样看来，产业转移与承接无论对于转出地还是转入地都可以推动产业升级，实现不同区域的产业结构共同演进。产业转移对于产业承接地产业结构的影响主要表现在两个方面：一是产业承接地通过引进本地区本来没有的产业，从而改变了产业承接地区的产业结构；二是由于产业转移形成的产业转移创新力引致承接地技术创新水平提升，进而推动产业承接地产业升级换代，使得产业承接地产业结构得以优化升级。因此，可以认为，产业承接实际上是可以通过产业结构调整以及技术创新能力提高促使区域产业结构优化升级的，具体如图6-6所示[198]。

第六章 承接产业转移推动天津产业结构优化升级的内在机理分析

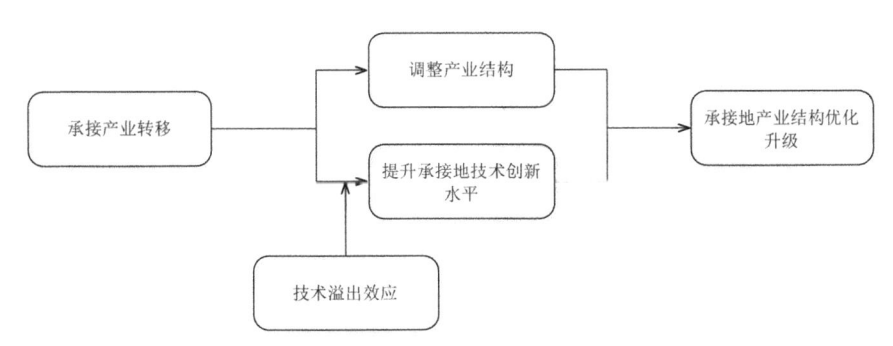

图 6-6 承接产业转移促进产业结构优化升级路径

天津市近几年产业结构不断优化，第三产业的比例不断增加，数据显示，2015 年天津第一、二、三产业的比重分别为 1.3%、46.7%、52.0%，第三产业比重首次达到五成以上；2016 年天津第一、二、三产业比重分别为 1.2%、44.8%、54.0%；2017 年三大产业比重分别为 1.2%、40.8%、58%；2018 年三大产业比重分别为 0.9%、40.5%、58.6%，具体如图 6-7 所示。从图 6-7 不难看出，自京津冀协同发展战略实施以来，天津市三大产业比重基本上呈现出"三二一"产业结构，根据国际经验，第三产业所占比重应达 55% 以上，天津在 2017 年已达到，说明天津第三产业对第二产业产能过剩的消化起到了促进作用，尤其是在承接来自北京的产业转移过程中和供给侧结构性改革共同推动之下，促进作用更加明显。同时，本市战略性新兴产业用电量占第二产业用电量的 8.56%，同比增长 5.7%，高出第二产业平均增速 1.58 个百分点。通过上文分析，本书总结出承接产业转移影响天津产业结构优化升级的内在机理结构模型，如图 6-8 所示。

■ GDP（亿元）　■ 第三产业占比（%）

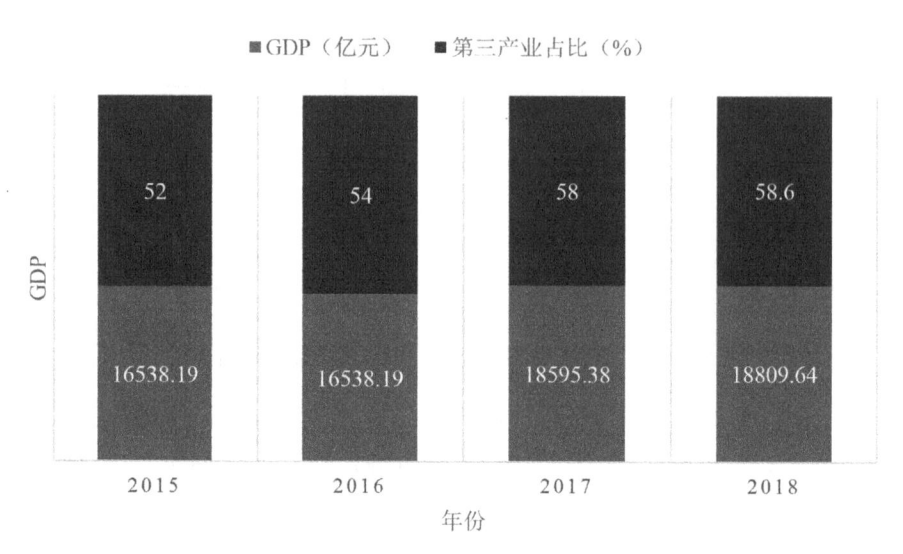

年份	GDP	第三产业占比
2015	16538.19	52
2016	16538.19	54
2017	18595.38	58
2018	18809.64	58.6

图 6-7　2015—2018 年天津市第三产业占比示意图

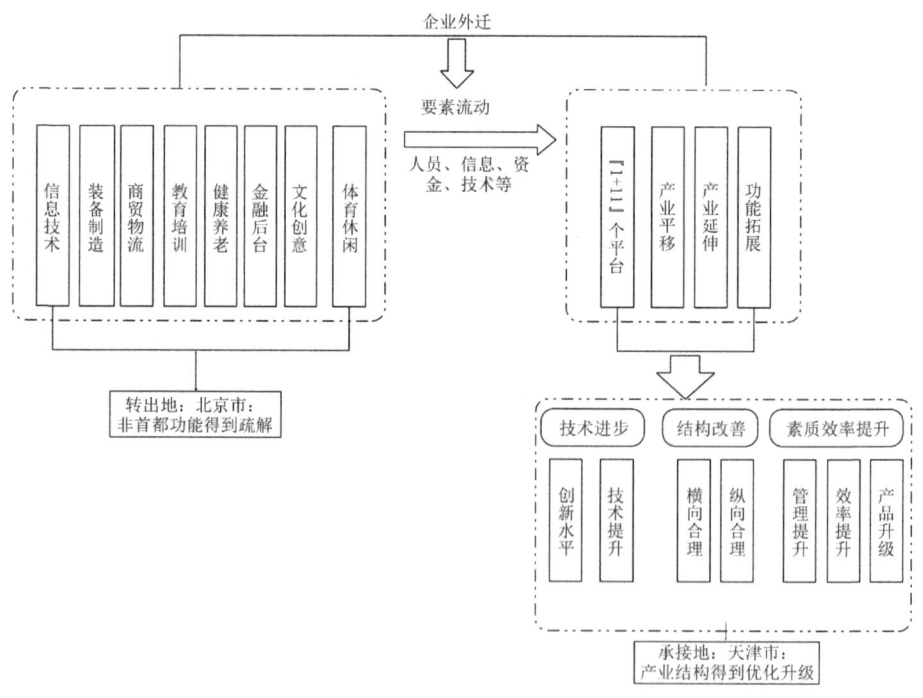

图 6-8　承接产业转移影响天津产业结构优化升级内在机理结构模型

第七章

天津主要承接来自北京产业转移竞合博弈分析

竞合关系，包括竞争与合作两个方面。在市场经济条件下，京津冀作为相对独立的经济利益主体，均有着独立的利益追求。各区域为了实现各自目标和既得利益的最大化，其所作出的合作与不合作选择是根据自身的优势和利益而确定的。不合作是为了在利益独享下保持竞争优势，按照投入多少分享利益并承担风险。京津冀三地地方政府可以通过经济发展计划、规划、政策等左右整个地区的产业发展方向。在区域经济合作深化的同时，利益驱动使一些产业在投资项目上的盲目竞争时有发生，影响效率的提高。毫无疑问，一定程度上它们是在博弈中作出决策。我国目前正处于产业结构调整、优化和升级的关键时期，尤其是三地处在"京津冀一盘棋"的发展态势下，怎样克服盲目投资导致的区域产业同构，值得关注。基于此，在天津主要承接来自北京产业转移过程中，本章着重对承接产业中合作与不合作的博弈进行探讨。

第一节　京津冀三地间竞合关系表现形式

一、新极化效应

本书探究天津主要承接来自北京产业转移，在转移过程中，三地间必然为了各自区域的经济利益存在着竞合关系，这种竞合关系主要表现为极化效应和扩散效应，这两种效应是对竞合关系的一种描述。根据 Karl Gunnar Myrdal[199] 的理论，梯度发展中同时起作用的有三种效应，即极化效应、扩展效应和回程效应，它们共同制约着地区生产分布的集中与分散状况。极化效应是指迅速增长的支柱产业，引起了其他活动都集中于这一产业，与此同时，经济活动在某一地理位置集中，资源、技术、信息、资金、配套的产业也被吸引到这里而形成的产业集中和地理集中的过程。例如，珠三角的快速发展，就是受到极化效应的影响，是国际地域分工的延伸，是内地改革开放政策与香港因素内外结合的产物。

1. 新极化效应

但是，发展到 20 世纪 90 年代，随着区域发展政策的调整及珠三角内部产业结构的调整，珠三角的极化效应在减弱，劳动密集型产业开始向周边地区转移。为了弥补极化效应弱化的影响，珠三角必须启动新极化效应。所谓新极化效应是指以技术密集型产业为核心，以制度创新为前提，迅速形成资本、技术、人才向此产业即产业区域集中的现象。新旧两种极化效应的区别如表 7-1 所示。

表 7-1　新旧极化效应对比表[200]

两种极化效应	产业极核	吸引要素质量	极核区位选择	极核形式
（旧）极化效应	劳动密集型产业	资本、技术、劳动力	节约成本原则	出口加工区
新极化效应	技术密集型产业	高技术、技术含量高的产业、规模资本和技术及人才	靠近智力密集区	城市创新区

2. 旧极化效应的"负作用"

就旧极化效应而言，其发挥作用主要在于产业梯度高的区域对产业梯度低的区域形成的"负作用"，这一效应阻碍了产业梯度低的区域的发展。产业梯度高的区域由于本身拥有较好的区位条件、服务能力、交通条件等优势，其经济社会运行有着较高的效率，吸引着外部资源的涌入。

3. 增强新极化效应的途径

通过以上的分析，当前北京产业向天津的转移过程中，原有的旧极化效应的影响已越发弱化了，伴随着党中央对于天津"一基地三区"的定位及《京津冀协同发展规划纲要》的实施，新极化效应开始发挥效用。就研究对象而言，新极化效应主要源于天津市在近些年的基础设施、技术、人才、政策等各种优势。具体来说，一是天津辖区着力提升资本市场服务实体经济和国家战略能力。在2015年6月9日，天津市人民政府办公厅转发了天津证监局《关于进一步促进企业利用资本市场加快发展的实施意见》。截至2016年10月31日，全市境内上市公司42家，新三板挂牌公司156家。上市公司总股本587.37亿股，总市值5010.64亿元。有证券公司1家，证券公司分公司19家，证券营业部145家，基金管理公司1家，登记注册私募基金管理人381家，证券投资咨询公司1家，证券投资咨询分公司3家，信用评级公司1家，独立基金销售机构2家。2016年10月份，证券营业部总资产222.24亿元，净资产18.3亿元，净利润0.03亿元，指定与托管市值3071.61亿元。全市有期货公司6家，期货营业部30家，期货交割库52家。2016年10月份，期货公司代理交易额2206.55亿元，代理交易量451.13万手。2016年10月份，期货营业部代理交易额1198.98亿元，代理交易量236.78万手。不仅如此，还包括前文所分析的为了支持京津冀协同发展，设立的各类科技金融类平台等，在此不再赘述。二是天津市在科技体制改革方面所作的探索。天津市相继修订了《天津市促进科技成果转化条例》，启动了《天津国家自主创新示范区条例》立法调研工作，举办百家科研院所走进天津等各类大型会议和活动，聚集国家级科研院所、海内外高水平研发机构及产业化基地20家。进一步深化部市、院市等合作，加强与中关村的合作，促进中关村科技资源、创新要素、服务体系向天津聚集。密切与北京、河北的科技合作交流，引进共建一批新型研发机构、中试和产业化基地。三是天津市引进高素质人力资源方面。重点对接"特支计划"等各类人才计划，建立高水平创新型人才的服务绿卡制度，实施全方位、保姆式服务。四是天津市高新技术产业极化初显雏形。深化实施互联网跨界融合、智能机器人、大数据、新药创制等科技专项和示范工程，围绕生物医药、电子信息、高端装备、新材料等重点产业领域。据《2016年天津市国民经济和社会发展统计公报》显示，2016年全年装备制造业增加值占规模以上工业的36.1%，拉动全市工业增长3.7个百分点，比上年提高1.6个百分点，其中汽车制造、航空航天、电气机械、专用设备等行业分别增长11.9%、14.9%、22.3%和12.2%。消费品制造业增加值占全市工业的20.8%，比上年提高1.6个百分点。优势产业增加值占全市工业的91%，其中，航空航天、新材料以及生物医药等新兴产业合计增加值占全市工业的16.5%，拉动全市工业增长2.1个百分点，比上年提高0.9个百分点。

二、扩散效应

所谓扩散效应，是指某一地区由于某种原因而创办了许多工业，逐渐形成一个经济中心，并由中心向周围地区扩散和辐射，从而带动周围地区的经济增长。就本书研究内容而言，扩散效应动力主要来自随着北京城市经济结构优化与科技进步，以及过度集中发展带来的集聚不经济。城市经济结构不断优化调整，某些产业已经不适合再在北京、天津这样的中心城市发展而向外转移。同时，由于产业在京津冀都市圈内部的分工使得像北京这样的主中心城市和周边地区彼此需要，彼此间的贸易导致扩散效应更加突出，北京、天津城市产业带扩散带动河北省发展和京津冀区域实力增强。

三、两者关系

结合前文的分析，新极化效应和扩散效应密不可分，都是用来解释由主中心城市（例如，北京市）发展造成的次级城市（例如天津市、河北省）经济社会发展变化情况。这种变化通常通过产业的转移、政府资金和私人资本的流动、地区间贸易、人口流动和创新的扩散实现。两种效应都受到诸如北京和天津经济规模大小、三地间的地理距离、三地间交通与通信等基础设施的状况等影响。

京津冀区域间合理的产业分工与集聚使得三地间共享资源与基础设施，提高效率，降低成本。当产业集聚达到一定程度、超过城市的承载能力之后，生产要素的边际成本递增，边际收益递减，规模经济不复存在。部分大型企业通过兼并、对外投资、联合收购、转让技术等方式，将自身产业扩散到周边地区，在这一扩散过程中，人流、物流、资金、技术成果等生产要素也随之扩散至周边地区，从而带动周边地区经济社会的发展。京津冀区域经济实力的提升，离不开内部产业的逐步扩大与升级，这种扩大与升级，意味着产业规模的壮大与技术水平的提升，规模扩大与技术提升离不开产业在区域内的扩散与转移。在产业扩散过程中，三地定位日趋合理，功能日趋完善，三地经济社会水平也逐渐成熟。

第二节 天津主要承接来自北京产业转移竞合模式

天津在主要承接来自北京产业转移的过程中，必然伴随着北京向河北省的产业转移，三地间产业合作将与竞争并行，在新极化效应和扩散效应的作用之下，在近期竞争将占优，在中远期将以合作为主。在合作初步展开阶段，其竞合模式是构建政府主导下的产业园区和企业主体协调模式，如图7-1所示。

一、从政府主导到政府引导

随着"十二五"期间"首都经济圈"概念的提出，对于产业转移与承接的类型、规模和方式等都是由政府来主导的。自党中央将京津冀协同发展上升为国家战略之后，先后出台了《京津冀协同发展规划纲要》《京津冀产业转移指南》《北京市新增产业的禁止和限制目录》等指导性文件，天津、河北主要承接八大类产业转移。2016年8月30日，京津冀产业结构调整引导基金在天津自贸区中心商贸区正式设立，总规模100亿元，存续期为10年，引导基金通过财政资金带动社会资本投入，形成资本促进产业转型升级的新模式。

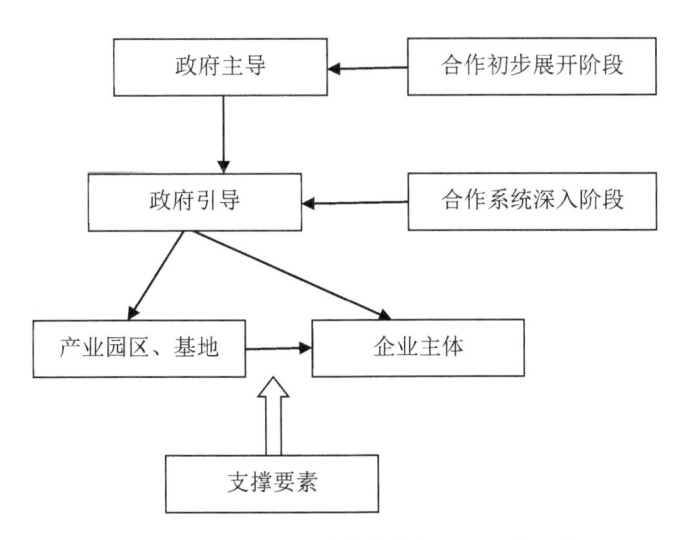

图 7-1　天津主要承接来自北京产业转移竞合模式

二、产业园区、基地作为载体

天津已经形成"1+11"个承接平台用以承接北京产业转移，前述已作分析，在此不再重述。天津在承接河北产业转移过程中，重点与高端装备制造业对接。例如，位于天津经济技术开发区西区的长城汽车天津生产基地，项目总投资126.7亿元，占地面积6000余亩，分三期工程建设，主要包括整车生产、关键零部件制造、海外物流、生活区等项目。位于宁河现代产业园区的河北英利天津光伏产业基地，投资总额上百亿元，五年内（2016—2021年）建成1吉瓦光伏完整产业链项目和年产3吉瓦光伏组件封装项目。此外还有位于天津滨海新区、占地35万平方米、计划总投资30亿元人民币的河北立中车轮集团，位于武清区"京津科技谷"的河北涿州钢研科技集团投资的天津钢研海德有限公司。

三、企业作为主体

天津主要承接来自北京产业转移过程中，企业才是真正的主体。只有真正发挥企业的市场主体作用，才能确保产业协同发展的成功。据统计，2014—2016 年，京冀企业在津投资项目达到 4865 个，累计到位资金 5226.7 亿元，占全市引进内资的 44%。以天津自贸区为例，天津自贸试验区设立以来至 2017 年 3 月底，北京企业到天津自贸试验区投资项目 4192 个，投资额 3021.37 亿元，河北企业到天津自贸试验区投资项目 2653 个，投资额 467.08 亿元；京冀企业投资占同期天津自贸试验区投资项目总量的 21.82%、投资总额的 31.07%。从投资领域看，京冀企业在东疆片区的投资主要分布在互联网、贸易、保理、租赁、航运等领域，在机场片区的投资主要分布在批发和零售、科学研究和技术服务业、租赁和商务服务业、建筑业等领域，在中心商务片区的投资主要分布在金融和类金融、跨境电子商务等领域。正是这些规模以上企业构成了天津承接北京产业转移的主体。

四、创新驱动作为支撑

首先，京津冀高校、科研院所科技资源丰富。据时任天津市副市长赵海山介绍，"已有北京 100 多所大学基本上每一个都跟天津有产业研发转移，包括几百家的研究院所都跟天津做产业创新"。目前，天津市科技型企业全市累计认定 93848 家，规模过亿元的达到 4094 家。其次，三地产业基础雄厚。2016 年，京津冀三地地区生产总值合计超过 7.46 万亿元，占全国的 10%。2016 年，我国人均 GDP 达到了 53817 元（不包含港澳台地区），天津、北京、唐山、廊坊、石家庄，五市人均 GDP 高于国家平均水平。北京产业主要集中在微电子、生物工程等高新技术产业及金融等现代服务业；天津优势产业以生物技术、航空航天等先进制造业，物流、商贸等现代服务业为主；河北省的化工（医药）、冶金、建材等支柱产业和轻工、纺织等传统产业优势明显。总体来看，京津冀已成为我国北方最发达的经济区和最大的产业密集区，目前已经形成了以高技术、电子、汽年、机械制造业为主导的产业集群，为二地科技协同创新和科技成果转化提供了坚实的产业基础和广阔的创新土壤。

第三节　竞合模式对经济效率的影响

一、竞合模式对经济效率的正面影响

（一）有效降低京津冀区域内企业交易成本

从企业的角度来看，企业交易成本的构成分为内部企业交易成本和外部企业交易成本。内部企业交易成本的高低在一定程度上说明企业内部管理的效率，外部企业交易成本的高低可在一定程度上说明企业同外部社会的相关关系、协调程度。如果一个企业外部交易成本过高，说明企业在处理与外部利益集团关系时存在问题，抑或是社会经济环境较恶劣，需要改进经济社会环境。为解决上述问题，京津冀三地陆续出台了相关规定，有效降低了区域内企业交易成本。再则，京津冀三地地理位置上的相邻有利于企业之间通过各种形式进行信息的交流，彼此间建立相互信任的关系，从而减少签约与监督、履约成本。当然，便捷、低成本的信息交流使它们彼此间在技术等方面的交流与协调更加容易，有利于相互协同进行技术创新。此外，运输成本的节约、存货最小化的成本节约也是重要的。另外，同一产业链各环节的区域性集中及上下游配套，使得区内企业之间的运输成本得以大大降低。例如，长城汽车天津生产基地包括整车生产、关键零部件制造、海外物流等产业链。

（二）知识外溢效应

从微观角度来看，知识的溢出量主要取决于区域创新网络内溢出接受企业的吸收消化能力和模仿创新的投入水平。创新网络内知识溢出是造成集聚效应的主要动力之一，由于知识应用具有显著的规模经济，对这种规模利益的追逐自然会导致相关或相同企业尤其是持续创新能力较弱的中小企业的集聚。在集聚群体内部，某一企业通过创新和开发所获得的包括产品、生产技术、市场信息、企业管理方式等在内的新知识，会在很大一部分程度上外溢出去，成为整个企业集群内的公共知识，只有在该空间内的企业才能获得这一公共知识，一旦离开就可能会丧失。所以，从这一角度来看，知识溢出效应在该方面发挥的是积极的作用。例如，存在于京津冀区域内的大量科技型企业之所以发展迅速，就是受益于整个区域内创新网络的知识溢出效应。

（三）自增长功能

根据哈肯提出的协同论，内在因素（序参量）和外界环境因素（控制参量）都是系统自组织的必要条件，系统在二者的共同作用下实现自组织过程。结合京津冀协同发展中产业转移与承接的实际情况，具体如图 7-2 所示。

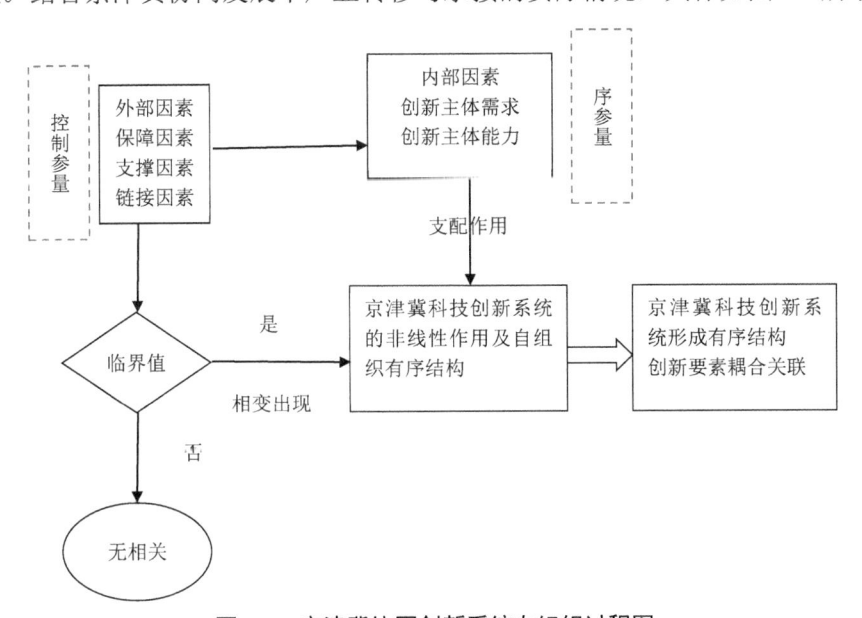

图 7-2　京津冀协同创新系统自组织过程图

当前，京津冀区域内的产业承接与转移，已经逐步形成完整的产业链，具有自组织功能的体系，区域内竞争对手的存在会迫使企业不断地改进产品和服务，降低成本，加之目前区域内竞合关系还处于初始阶段，其自增长功能势必受到较大影响。

二、竞合模式对经济效率的负面影响

竞合模式对经济效率的负面影响，主要是基于目前天津市主要承接来自北京产业转移时，势必与河北省承接北京产业转移形成一定的竞争局面，这主要是由于其处于竞合模式的初始阶段造成的。其负面影响主要体现在以下方面：一是天津市在承接产业转移过程中，区域创新网络知识溢出效应导致部分企业"搭便车"现象的出现，即这些企业只模仿区域内现有的技术、模式等公共知识，而不投入要素进行开发。这样最终的结果必然是企业之间博弈的纳什均衡出现，也就是无人愿意再进行创新。二是严重的路径依赖和锁定效应。假设竞合模式发展到一定阶段，即合作大于竞争时，就会出现某些产业由于严重的路径依赖，其创新受阻，降低了企业对外界环境变化的反应能力，从而使该产业陷入锁定状态。区域内的某些产业可能宁可对现有工艺墨守成规，也不愿意放弃现存的集群经济效益，从而造成整个区域发展缓慢。

第四节　竞合博弈模型

天津市在承接产业转移过程中，在某一特定领域内互相联系，在地理位置上集中，这就形成了产业的相关性、企业的类同性。同时，这些相关产业或企业彼此间会存在竞争，但产业转移后形成的集群优势又依赖于彼此间的合作，这一主要矛盾决定了天津市在承接产业转移时，面临的是产业或企业间复杂的动态竞合博弈关系。

一、天津主要承接来自北京产业转移形成的企业间"囚徒困境"博弈模型

在产业转移与承接条件下，假定企业间合作竞争的支付结构满足博弈论中的"囚徒困境"模型的要求，企业间进行理性合作，实现集体理性存在着很多困难。以此为依据，假设博弈双方的战略集中只有两种战略选择（合作，不合作），可能的支付有4种，即双方都合作的支付MC（Mutual Cooperation）、单方面不合作的支付UD（Unilateral Defection）、单方面合作的支付UC（Unilateral Cooperation）、双方都不合作的支付MD（Mutual Defection），据此，建立博弈支付矩阵，如表7-2所示。

表 7-2　天津主要承接来自北京产业转移形成的"囚徒困境"博弈模型

		京津冀区域内企业 2	
		合作	不合作
京津冀区域内企业 1	合作	MC，MC	UC，UD
	不合作	UD，UC	MD，MD

下面讨论京津冀区域内企业合作的稳定条件：

（1）当 UD<MC 时，因合作总是能够获取比不合作时更大的收益，所以双方合作具有较强的稳定性，企业间合作意向强于竞争意向。

（2）当 UD>MC 时，博弈双方都害怕会被对方欺骗带来更大的损失，所以都有从合作中背叛的意向；当 UD>MC>UC 时，用划线法可以找出（MD，MD）所对应的策略（不合作，不合作）为该阶段的唯一纳什均衡，在这种情况下，集体理性和个人理性发生冲突，联盟存在不稳定的威胁，需要建立惩罚或补偿机制降低投机带来的收益。

进一步分析当 UD>MC 时，存在着集群运行机制制约条件下，保持上下游节点企业间企业稳定合作的约束条件。由于天津承接产业来自京冀区域，且三地间转入与转出产业所代表的企业间保持着紧密的联系，其竞争对手之间也存在着共享供应商和客户的可能性。这样，使得这些企业更易于获取竞争对手的信息，存在着对区域内竞争对手较全面与准确认识的可能性，竞争更加直接和表面化[201]，可以更快捷和明显地得到竞争的结果，即认为在完全信息对称情形下，分无限次重复博弈和有限次博弈两种情况进行分析。

当博弈可以无限次重复，"以牙还牙"对于任何一个局中人都是最优的策略。将这一结论运用到三地区域内企业间的合作博弈中，如果企业都抱有要长期稳健经营的思想，而且区域内的信息是完全的，那么企业间的这种博弈便可以看成是无限次重复的"囚徒博弈"。即在产业集群企业合作的第一次对弈中，如果区域内企业由于机会主义行为倾向而单方面选择"不合作"行为，这些行为可以表现为索要高价的价格讹诈行为，或是在产品质量或交货时间方面的违约行为，由于信息完全对称，对方会立即采取报复行动；相反，而如果产业集群企业一方一开始就选择"合作"，对方也会相应地一直合作下去，由于博弈是无限次的，即除非企业已经陷入无法摆脱的困境，否则任何企业都不会明确预期在什么时候结束它的经营，即任何一方都不知道博弈何时结束。因此，一次的不合作导致的"以牙还牙"不会给企业带来任何额外的收益。在这种情况下，企业间的合作状态会自动维持下去。从理论上说，这一结论有一个十分重要的前提条件，即博弈是无限次重复的。也就是说，区域内企业都预期它们之间的合作博弈将永远持续下去而不仅仅是短视的一单买卖[202]。

当对局的次数是有限次时，相应的隐性契约就会失效。在完全信息对称情况下，不论博弈重复多少次，只要重复的次数是有限的，唯一的子博弈精炼纳什均衡是每个参与人在每次博弈中选择静态均衡战略（假定静态博弈的纳什均衡是唯一的），即有限次重复不可能导致参与人的合作行为。在有限次重复囚徒博弈中，每次都选择"坦白"是每个囚徒最优的战略。在此，"坦白"被认为是囚徒理性的选择，而对区域内的企业而言，非合作型战略是区域内企业理性的选择；相反，"不坦白"则是囚徒非理性的选择，而对京津冀区域内的企业而言，合作型战略是区域内企业非理性的选择。假定对局的次数为 N，可以从第 N 次即最后一次分析。此时，如果转移产业集群企业 A 是理性的话，它会作如下推理：如果博弈是无限次的话，B 采取的是"以牙还牙"的策略，但现在是最后一次对局了，即使我采取违约行为，B 也无法报复了，因为已经没有下一次了。因此，企业 A 会采取机会主义行为，即选择"不合作"。同理，企业 B 也会作与 A 相同的分析，因此，在最后一次对局中，双方均会采取机会主义行为，双方均不合作。不仅如此，企业还会进一步推理，如果在第 N 次对方会采取"不合作策略"，那在第 $N+1$ 次还采取合作策略又有什么意义呢，即合作是得不到任何回报的。因此，第 $N+1$ 次企业就会采取机会主义行为，以此类推，最终结局是区域内企业从一开始就不合作。

通过上述分析,可得出如下结论:在天津承接主要来自北京产业转移所代表的企业的竞争与合作博弈行为中,既不会存在完全信息对称的情况,无限次博弈假设也不真实,区域内企业竞争性倾向(不合作倾向)大于合作倾向。

二、竞合博弈分析的几点启示

(一)京津冀协同发展中天津承接京冀产业转移中,企业间竞合本身是作为一种利益博弈问题出现的

在博弈过程中,强调贡献与利益回报的动态均衡,博弈过程符合两个必要条件,一是京津冀区域内企业通过相互间的合作,实现区域资源共享和优势互补,并获得新的综合竞争优势,进而实现三地整体收益大于区域内单个企业收益,亦即形成产业集群,这是京津冀产业转移的基本方向。二是会存在具有帕累托改进性质的分配规则,即区域内每个参与产业转移的企业都能获得比不进行合作时更多一些的收益。

(二)京津冀协同发展中天津主要承接来自北京产业转移中,企业间的竞合博弈是有益的

竞争是市场经济的重要特征,在京津冀协同发展的大背景之下,区域内产业转移带来的是各产业之间相互交织融合,企业间可能结成战略联盟来共同提高竞争力和市场占有率,它们间的动态博弈是京津冀协同发展形成的基础以及优化产业结构的必要过程。

第八章

天津主要承接来自北京产业转移与竞合路径选择分析

区域间产业转移一般会沿着第一、第二、第三产业的顺序推进，按照产业结构演进的次序，产业转移应首先发生在第一产业，但是由于受到自然资源、土地等因素的影响，其产业转移存在较大的困难，而第三产业则由于其产品难以转移，因此，区域间产业承接与转移主要集中于第二产业。再者，结合工信部等制定的京津冀产业转移指导目录要求，北京有信息技术、装备制造、商贸物流、教育培训、健康养老、金融后台、文化创意、体育休闲等八大类产业需要转出。通过以上的分析，天津在主要承接来自北京产业转移时，要着重承接部分第二产业和部分第三产业。

第一节 利用产业梯度系数分析产业承接

产业梯度系数用来表示一个地区的产业处于何种层次——高层次、中层次还是低层次。产业梯度系数大于1，说明该地区的这一产业在整个地区中处于高梯度，具有发展优势，反之，则没有发展优势。创新因子和产业集中因子是影响产业梯度系数的两个因素。前者用比较劳动生产率表示，并取决于本地产业劳动者的技能、生产力转化能力和技术创新能力等与全国平均水平的比较；后者用区位商表示，区位商常用来分析区位分工，一般来说，当区位商（LQ）>1，表示本地某产业专业化程度超过全国平均水平；反之，则低于全国平均水平。具体来说，区位商代表专业化生产程度，并取决于本地产业对自然禀赋资源的利用程度、技术人员和专业设备的数量等与全国同行业的比较。公式为：

$$比较劳动生产率 = \frac{本地某一产业增加值占全国同行业增加值比重}{本地某一产业从业人数数量占全国同行业从业人数数量比重}$$

$$区位商 = \frac{本地某一产业增加值占本地 GDP 比重}{全国相应行业增加值占全国 GDP 比重}$$

首先对于天津市产业承接中占绝对比重的第二产业的区位商、比较劳动生产率和产业梯度系数进行分析，采集的数据自 2014 年至 2015 年，具体如表 8-1、表 8-2 所示。

表 8-1 2014 年天津市分行业区位商、比较劳动生产率、产业梯度系数统计表

行业	区位商	比较劳动生产率	产业梯度系数
采矿业、制造业、电力、热力、燃气和水生产供应业、建筑业	1.1271	1.6875	1.90199966

数据来源：《2014 年中国统计年鉴》《2014 年天津市国民经济和社会发展统计公报》。

表 8-2 2015 年天津市分行业区位商、比较劳动生产率、产业梯度系数统计表

行业	区位商	比较劳动生产率	产业梯度系数
采矿业、制造业、电力、热力、燃气和水生产供应业、建筑业	1.1410	1.5410	1.75826210

数据来源：《2015 年中国统计年鉴》《2015 年天津市国民经济和社会发展统计公报》。

从以上数据统计结果可以看出，天津市在发展第二产业方面具有较为突出的优势，这也成为其承接北京第二产业转移的支撑条件之一。

第二节　天津市选择主要承接来自北京产业转移的政策依据

目前，天津市重点推动高端装备制造、新一代信息技术、航空航天、石油化工、节能环保、新能源、节能与新能源汽车、新材料、生物医药和健康、互联网等十大支柱产业；同时，重点支持海洋工程装备、特高压输变电、高档数控机床、机器人、集成电路、高性能服务器、国产数据库等七大新兴行业。2016年3月17日，国务院颁布的《中国国民经济和社会发展第十三个五年规划纲要》中确定，将全面推进高端装备创新发展工程，发展航空航天装备、海洋工程装备及高技术船舶、先进轨道交通装备、高档数控机床、机器人设备、现代农机装备、高性能医疗器械、先进化工成套装备等产业。提升新兴产业支撑作用，支持新一代信息技术、新能源汽车、生物技术、绿色低碳、高端装备与材料、数字创意等领域的产业发展壮大。大力推进先进半导体、机器人、增材制造、智能系统、新一代航空装备、空间技术综合服务系统、智能交通、精准医疗、高效储能与分布式能源系统、智能材料、高效节能环保、虚拟现实与互动影视等新兴前沿领域创新和产业化。为此，国家将在财政、政策等方面给予重点扶持。结合上述分析，天津在承接京冀产业转移过程中，其重点承接的产业在于以下几个方面，具体如表8-3所示。

表 8-3　天津市主要承接来自北京产业选择对比

选择方向	重点行业
由产业梯度系数得出的优势产业（天津市）	高端制造业
天津市十大支柱产业	高端装备制造、新一代信息技术、航空航天、石油化工、节能环保、新能源、节能与新能源汽车、新材料、生物医药和健康、互联网产业
天津市"十三五"规划	打造装备制造、新一代信息技术、航空航天、生物医药、新能源、新材料、节能环保等高端产业，加快发展机器人、3D打印设备、智能终端、新能源汽车等新兴产业，改造提升现代石化、现代冶金、轻工纺织等传统产业
国家"十三五"规划纲要	高端装备产业、战略性新兴产业
京津冀产业转移指南	一个中心、五区五带五链、若干特色基地（"1555N"）
北京市新增产业的禁止和限制目录（2015年版）	国民经济行业分类中近八成的产业严禁在北京城六区发展
京津冀协同发展规划纲要	"一基地三区"定位，即全国先进制造研发基地、北方国际航运核心区、金融创新运营示范区、改革开放先行区
天津市对承接京冀行（产）业转移的选择	高端装备制造产业、航空航天、商贸物流业、金融后台业、新能源汽车产业、电子商务产业、生物医药产业、新一代信息技术（高技术产业）等

综上所述，天津市在产业承接选择上，既要立足本地实际优势，又要有长远目光，对接国家产业发展新动向，还要以化解首都"大城市病"为指针，与北京、河北省形成错位发展态势。为此，天津市应将高端装备制造产业、航空航天、商贸物流业、金融后台业、新能源汽车产业、电子商务产业、生物医药产业、新一代信息技术（高技术产业）等作为重点承接产业。

第三节　关于承接地的选择

天津市主要承接来自北京产业转移，主要是基于京津冀协同发展的大背景，这决定了在承接地的选择上，将会选择产业配套完善、载体设施完备、产业基础好的区域进行布局。

一、以产业集群及产业园区促进承接产业落地

以产业集群吸引产业转移是近年来各地通用的产业承接模式。外来资本与本地优势产业、资源相结合形成了"产业迁移升级型"产业集群。这种产业集群发展速度快，易形成规模。近年来，天津市产业的发展无论是在产业链配套上，还是在空间布局上，都已经呈现出较为明显的集群经济特点。天津市从2015年12月9日起实施《天津市建设全国先进制造研发基地实施方案（2015—2020）》，要发展高端装备、新一代信息技术、航空航天、节能与新能源汽车、新材料、生物医药及高性能医疗器械、新能源、节能环保、现代石化、现代冶金等十大产业集群。到2020年，培育石油化工、高端装备、新一代信息技术、节能与新能源汽车、现代石化5个过5000亿元产业以及航空航天、节能环保、新能源、新材料、生物医药等5个千亿元产业，形成"5+5"的高端产业格局。产业集群具有空间特征、组织特征、产业特征、环境特征和社会文化特征。基于此，天津市东丽区重点发展航空航天、机械装备制造、商贸物流等产业集群，西青区重点发展电子信息、汽车及零部件、

新能源等产业集群，津南区重点发展电子信息（物联网、人工智能、新型电子元器件和集成电路设计等）、现代冶金、都市型设施农业等产业集群，北辰区重点发展新能源、知识产业、生物医药、现代物流等产业集群，武清区重点发展高新技术产业、轻工、物流等产业集群，宝坻区重点发展休闲度假、商贸物流、知识产业、环保产业等产业集群，蓟州区重点发展文化创意、商务会展、休闲度假、特种车及机械装备制造、绿色有机生态农业等产业集群，静海区重点发展循环经济、电子信息（光电子、光通信等）、现代物流、体育休闲等产业集群。

产业集群是产业园区成功的首要原因，产业园区是主动促进产业集群发展的重要实践。目前，天津市共有各级各类产业园区31个，这31个产业园区分布在全市范围内，结合现有产业园区重点承接北京第二产业转移。

二、以五个平台对接北京中关村高新技术产业转移

天津选择武清、北辰、宝坻、东丽、滨海科技园五大创新区，与北京中关村构建京津创新共同体，包括：武清京津产业新城、宁河京津合作示范区、宝坻京津中关村科技新城、宝坻京津新城现代服务业聚集区、蓟州区京津州河科技产业园。中关村企业在天津有稳定合作关系的有1200家以上，393家重点企业在天津设立503家分支机构，代表性企业有曙光、华旗、搜狐畅游、天坛生物、中牧股份、星新材料等。中关村内的北京大学与天津市各企事业单位、高校、科研机构合作项目170余个，累计合同金额3200余万元，与滨海新区共建新一代信息技术研究院。中科院北京分院与天津市科委、滨海高新区共建天津电子信息技术产业园，曙光、蓝鲸等一批重大产业化项目落地投产。

三、以京津冀城市群促进承接产业转移

京津冀城市群是我国三个世界级城市群之一（其他两个是长江三角洲城市群、珠江三角洲城市群），其核心区为北京、天津、雄安新区。据统计，2016年京津冀城市群总GDP为68857.15亿元，占2016年全国GDP的比重为9.25%。近几年，北京地区经济结构已经呈现出第三产业独大，第二产业、第一产业逐步萎缩的态势，天津地区经济结构也呈现出"三二一"态势，而河北省第三产业相比较为落后，第一产业具有明显优势，第二产业对经济发展起支撑作用。在与长三角、珠三角城市群比较的过程中很容易发现，京津冀城市群的腹地城市实力较弱，与中心城市发展差距很大，呈现二元发展趋势，而长三角、珠三角城市群则不同，腹地城市与中心城市相得益彰，实力雄厚，各具特色，紧密联系，逐渐融为一体。天津在主要承接来自北京产业转移过程中，要增强传导力，发挥特色，因地制宜，避免产业结构趋同而相互竞争。

综上所述，天津应根据自身的优势主导产业，延伸产业链条，将本地优势产业与承接项目对接，只有本地企业参与进来，产业承接项目才能形成规模。天津主要承接来自北京产业转移，就是借助京津冀协同发展战略的实施，使那些既适合三地定位、产业转型，又有利于产业协同发展、附加值较高的产业，加快向天津转移。

第九章

天津承接北京产业转移的对策建议

天津承接京冀产业转移符合理论现实依据，遵循了经济发展的客观规律，并且伴随着京津冀协同发展战略的深入，其效率不断提高，规模不断扩大，来自省外的投资资金已经成为天津经济发展的关键推动力，但同时仍然存在诸多亟待解决的难点，主要体现在以下几个方面：技术承接能力的提升、科技与金融的深度融合、科技成果转化步伐。针对上述难点，三地政府间要与企业加强沟通，积极应对，抓住雄安新区设立的有利时机，提高产业竞争力。综上所述，基于此，本书从企业、产业、政府三个层面提出天津承接北京产业转移的对策建议。

第一节　企业层面

一、继续提升企业技术自主创新能力与研发能力

自主创新是我国在经济发展中根据我国国情提出来的特有概念。就狭义的自主创新来讲，其强调企业创新活动的自主性，以及拥有明确归属的自主知识产权[203]。王罡（2018）[204]认为，企业自主创新是开放式创新活动，企业需要重视对其他企业的组织学习。将自主创新的主体视为企业，它是企业通过核心技术并完成技术商业化和实现新产品价值的过程，包括引进消化吸收再创新、原始创新、集成创新三个方面[205]。首先，企业通过引进高技术、自身消化吸收后再进行创新，抑或是通过对同一行业内不同企业的学习，包括新技术、新知识、新设备，它的核心是利用各种最新引进的技术资源，在企业融会贯通后进行二次创新。其次，集成创新是企业利用并行的方法将企

业创新生命周期中不同阶段、不同流程和不同创新主体的创新能力和创新实践集成在一起，从而形成可以产生核心竞争力的一种创新方式[206]。解决的中心问题是日益复杂的技术资源与实际应用之间的脱节现象问题，而非单纯技术供给方面的问题。对于天津承接主要来自北京产业转移及自身城市定位来讲，面对承接的战略性新兴产业，在竞争背景下应以网络集成创新为主，在技术扩散下应以模块集成创新管理为主，在技术转移下应以网络模块集成创新管理为主[207]。最后，原始创新的主体主要为其所在区域的各大学院校与研究所、国家级科研机构和国际基础研究机构，依赖于其中各相关方面的科学家、专家等的合作、交流来产生知识、经验，进而扩散到各相关产业的应用研究中进行验证与实施。京津冀三地区高校、科研院所资源优势明显，面对天津主要承接来自北京的产业转移，其选择的原始创新方式应是企业合作型原始创新，为实现产业化、商业化的目的，应突出企业的主体地位。

上述三个方面可以认为是企业技术自主创新的三条途径，对于区际产业转移与承接来讲，企业技术自主创新的提升关乎转出地与承接地的产业结构的调整与优化升级，企业技术自主创新可以通过改变需求结构、提高劳动生产率和改变产业关联驱动产业结构升级。

企业是自主研发的主体，自主研发是企业获取技术的来源，也是企业保持长期竞争优势的基础。可将企业自主研发能力分为自主创新资源投入能力、自主创新管理能力、自主创新产出能力、自主创新营销能力和自主创新环保能力[208]。其一，自主创新资源投入对区域创新能力提升具有推动作用，且创新资源的投入是影响区域创新能力提升的主要因素。京津冀地区，尤其是北京市创新资源存量丰富，天津市和河北省各有优势。对于属于创新资源主体的企业来讲，必须明确企业作为创新资源主体在资源配置中的地位和功能，建立创新资源合作、共享、开放的协同机制，最大限度地发挥创新资源的作用。可以从企业科技创新人力资源投入、科技创新资源财力投入和科技创新物力资源投入三个方面考虑。其二，自主创新管理能力是站在企业的战略地位来衡量和策划如何提升自主研发能力，它既表现在企业内部，还表现在企业与外部环境的沟通与协作上[209]。张洁（2010）[210]认为，天津市高新技术企业自主创新管理存在着企业创新活动缺乏相应的组织模式、缺乏创新战略管理和战略规划、缺乏创新管理流程的建立、创新过程跟踪评估和决策变更机制不完善、忽略创新项目与组织运营之间的界面管理和创新管理水平低下等问题。继而，他认为，可从创新战略管理、创新组织结构、创新组织文化、创新知识管理能力、创新计划管理能力及创新变更管理能力六方面建立高新技术企业自主创新管理能力成熟度模型，来促进企业自主创新管理能力的提升。其三，自主创新产出能力包括技术转移、专利、新产品及科技成果，具体统计量包括：技术咨询金额、技术开发金额、技术服务金额、科技论文数、新产品开发数、专利申请量、科技成果登记数[211]。其四，自主创新营销能力表明，营销能力强的企业，在自主创新积极性、主动性和持久性上远胜于营销能力弱的企业，应以提高营销能力为重要措施来增强企业的自主创新能力，将提高营销能力视为企业创新资源积累战略的组成部分[212]。其五，自主创新环保能力对于区际产业转移与承接尤为重要。非环境友好型产业转移会带来生态破坏，同时会抑制产业转移的过程，从而对调整产业结构产生负面的影响。

二、提升企业逆向创新能力

逆向创新是指首先发生在新兴发展中国家，随后成功蔓延至发达国家乃至全球市场的创新模式[213]。逆向创新是将新兴市场生产和销售作为第一步，之后再对这些产品进行改进然后在发达国家销售[214]。若将逆向创新应用于区际产业转移与承接中，承接地企业可以利用转入产业带来的新技术生产出新产品用以占领转入地与转出地市场。天津市作为主要承接北京产业转移的承接地区，可以从两个阶段实现逆向创新：第一阶段是在承接产业转移初期，通过对转移来的已有技术的新应用或集成创新来探索和识别创新机遇，推出符合本土市场需求的全新创新产品，并得到市场认可，以进一步获取市场份额；第二阶段则以产业转出地北京市等高端市场需求为指导，通过所积累的资源和技术不断完善产品功能，从而使逆向创新扩展至经济更为发达的地区。如此，就打破了京津冀三地间的"地理边界"，实现了逆向创新扩散，创新采用者在经过时间上的数量积累过程后，通过不同的途径，将创新成果商业化、产业化，随着创新成果推广应用，其影响逐步增大，进而带动转入地产业结构优化调整。

三、推进本土现有企业与转入企业的互动发展

推进本土现有企业与转入企业有机对接，将其"挤出效应"转变为关联效应。引导本土现有企业发挥自身优势，走专业化分工协作的道路，参与转入企业的配套协作生产，将自身纳入转入企业分工协作链中，形成合理的专业化协作体系。发挥技术外溢优势，推动和鼓励现有企业积极主动学习，吸收转入企业的先进技术和经验，将这种外生动力转化为天津经济社会发展的内生技术创新能力。例如，可以共建研发中心等机构，攻关开发关键技术，形成自己的技术专利和专有技术，培育"内生技术"要素。

第二节 产业层面

一、防止产业同构，严格依据《京津冀产业转移指南》

早在 2010 年发布的《国务院关于中西部地区承接产业转移的指导意见》中就明确指出，反对"不根据当地资源等实际情况盲目招商"。如果在产业选择过程中不加区分对待，一味寻求产业转移，就会形成盲目承接产业转移现象，不仅会造成对于承接地环境方面的影响，还会造成承接产业与本土已有产业之间的不必要竞争，变相打压了本土现有产业。2016 年，四部门联合编发的《京津冀产业转移指南》引导京津冀地区合理有序承接产业转移，优化产业布局，构建"一个中心、五区五带五链、若干特色基地"的产业发展格局。一个中心即科技创新中心，《京津冀产业转移指南》明确提出依托北京的科技和人才资源优势，打造具有全球影响力的科技创新中心和战略性新兴产业策源地，承担京津冀地区产业研发、设计、服务等功能。而"五区五带五链"，则是以北京中关村、天津滨海新区、唐山曹妃甸区、沧州沿海地区、张承（张家口、承德）地区这"五区"为突破建设重要引擎；以京津走廊高新技术及生产性服务业产业带、沿海临港产业带、沿京广线先进制造业产业带、沿京九线特色轻纺产业带、沿张承线绿色生态产业带这"五带"为支撑优化区域布局；以汽车、新能源装备、智能终端、大数据和现代农业这"五链"为特色形成区域优势。这样就避免了三地在产业转移与承接过程中各自为战局面的出现，以期形成合力发展态势。习近平总书记曾在海南省办经济特区 30 周年的庆祝大会上说,"发扬'钉钉子'精神,一张蓝图绘到底"。也就是说,既然是已经确定下来的规划,就要"一任接着一任干"。

二、创新产业转移与承接方式

将推进国有企业改革和产业转移与承接结合起来,例如,2018 年天津建材集团引入上市公司北京金隅集团,天津药研院引入招商天合,建工集团引入上海绿地。天津市采用"靓女先嫁"的办法,拿出优质国有资产供外来企业混改,又如,2018 年 11 月在万丽天津宾馆举行的天津市国有企业混改项目招商推介会上,有 24 个优质国有企业混改项目展示,涉及多个行业,合作方式包括产权转让、增资扩股等。为此,天津市出台了"1+30"配套文件体系,依法依规推进国企改革。截至 2021 年,天津市累计完成 17 家市管企业混改,带动了 792 户二级及以下企业,共引入资金 865.62 亿元。在有利的政策环境下,本研究认为,可采用汇金模式,即中央汇金投资有限责任公司模式,其代表国家对重点金融企业行使出资人权责。汇金模式采用"财政部—汇金公司—国有金融企业"的三层架构,以出资额为限,以股权为纽带,通过公司治理渠道行使出资人代表职责。这种模式已经在上海、深圳、山东等地试行,加快了国资管理由"管资产"向"管资本"转变。

三、提高产业协同创新能力

产业协同是京津冀协同发展的重要内容和关键环节。京津冀在深入推进区域协同发展过程中,已经或正在形成行之有效的产业协同发展模式。京津冀产业协同发展的主要模式按照组织形式可划分为整体搬迁模式、总部经济模式、产业扩张模式、产业链整合模式、科技成果产业化模式、产业联盟合作模式。产业协同创新是京津冀围绕北京科技创新中心地位实现更高水平协同发展的重要目标,必将带动形成具有较强创新能力和核心竞争力的产业集群。目前京津冀已开展区域协同创新的重要探索,这成为进一步推进产业协同发展的突破口。京津冀应创新模式,促进产业协同向创新驱动转变。产业链整合模式、科技成果产业化模式、产业联盟合作模式可以成为下一步推进京津冀产业协同创新的重要模式。其中,产业链整合模式是京津冀三地分工合作打造完整的产业链,北京以产业链为纽带向区域延伸产业创新能力,带动天津、河北以产业链环节为切入点联动发展,形成具有竞争优势的区域主导产业集群。科技成果产业化模式是北京的科技成果在天津、河北进行中试、孵化和产业化,整合北京科技创新优势、天津研发转化优势和河北产业化优势,促进区域创新链与产业链有效耦合与对接,实现区域新兴产业发展与优势产业升级。产业联盟合作模式是通过建设区域产业联盟整合产学研各类创新主体,以产学研合作为主导贯通区域创新链,加强京津冀重点领域的产业协同创新[215]。

四、继续巩固特色产业,构筑产业竞争新优势

继续巩固航空航天、装备制造、电子信息、生物医药、新能源新材料等特色产业在国际、国内的优势地位,为承接京冀产业转移、发挥优势产业主导作用奠定基础。围绕特色产业招商,开发上下游产业,延伸产业链,向产业链高端进发,从京津冀三地间竞合发展到三地间错位发展,进而形成京津冀协同发展态势。

第三节 政府层面

一、当好"市场守夜人"

因为京津冀协同发展战略实施不过 8 年,三地在经济利益上的博弈,导致产业转移过程中出现竞合现象,其直接结果就是束缚了产业转移的进程,不利于产业结构的调整。因此,只有充分发挥市场机制——"看不见的手"的作用,通过市场来调配资源,让市场来作选择,才能加速产业结构的调整步伐,才能做到三地协同发展。再者,发挥政府——"看得见的手"的作用,破解体制机制方面存在的障碍,加强政府在宏观层面的引导作用,努力消除"看不见的手"的弊端。因此,政府作为"市场守夜人",应在尽好监管主体责任的前提下强调事中事后监管,以强化监管部门净化市场的功能。在区域经济发展过程中,政府尤其是地方政府的作用不容忽视,但前提是要建立在市场充分有效的基础上。

二、加强要素市场的培育与建设

产业转移必然会带来区域间生产要素的流动,三地政府要正确看待产业转移与生产要素的流动,打破省份、部门之间的条条框框,真正从京津冀协同发展的角度看待产业转移与生产要素的流通。一方面,以对国民经济影响巨大的资源为基础,例如金融服务,建设全国性市场,涵盖较大的区域,同时将有潜力、有条件的地方市场发展成为全国性市场,例如,天津市蓬勃发展的融资租赁业务就可以发展成为辐射全国的全国性市场;另一方面,要充分利用地方特色资源,积极开拓地方要素市场,不仅实现本土化服务,还要将现有的市场进行改造升级,建设成为服务区域、辐射全国的要素市场。例如,全国碳市场能力建设(天津)中心的建立,积极发挥辐射和带动作用,通过多种能力培训和建设服务方式,帮助非试点区域企业提升低碳发展能力和碳市场参与能力,以更好地服务于全国碳市场建设。

三、构筑支撑产业转移平台,创造良好的产业承接环境

产业转入地的承接在产业转移的过程中起着关键的作用,政府与企业参与主体为实现其转入产业所带来的最优化利益而要遵循的原则和采取的措施、目的不同,二者在产业转移过程中所起功能不同[216]。具体而言:

一是政府应注重观念创新,主动营造良好的产业转移环境。观念创新是承接产业转移的前提。观念创新是指对产业转移的认识程度的转变。政府应摒弃地方利益的观念,要从双赢或多赢的角度看待产业转移与承接,要着力发展基础产业,"种好梧桐树",为产业转移提供方便渠道和优越条件。二是应着力发展职业高等教育,提升劳动者素质,以此提高产业承接地的吸纳和转化能力。三是进行制度创新,以此激活和保障产业转移。关键在于制定政策消除转入产业的壁垒,降低和减少企业沉没成本,加速产业成长。四是需要对转入产业层次进行选择,实行转入地产业评价制度。五是构建产业转移的支撑平台,从而实现产业结构优化升级。一方面积极引导转出一些在本地发展已没有优势的产业,另一方面积极引导转入一些在本地未来发展有比较优势的产业,来提升本地区的产业经济梯度。政府在构建承接机制时,应遵循产业转移的客观规律和产业适应性。产业结构的发展一般具有一定路径依赖性,选择转移的产业必须充分考虑本地的产

业对接的技术基础、资源享赋状况、人力资本水平、环境状况等条件，只有这样才能使得承接产业的依据建立在科学基础之上，实现本地区产业结构的优化升级。

参 考 文 献

[1] 陈潇. 京津冀与长三角、珠三角三次产业的对比分析 [J]. 统计与管理，2017（4）：68-70.

[2] 方彬楠，白杨. 京津冀如何消除产业结构"层级差" [N]. 北京商报，2019-04-10（D3）.

[3] 闫安，赵淑琪，裴凤. 皖北地区产业转移综合承接能力评价 [J]. 合肥工业大学学报（社科版），2012（2）：18-26.

[4] 叶振宇. 雄安新区与京、津、冀的关系及合作途径 [J]. 河北大学学报（社科版），2017（4）：89-93.

[5] 李兰冰. 新发展格局与京津冀协同发展 [N]. 天津日报，2021-03-08（010）.

[6] 李峰，张贵，李宏敏. 京津冀科技资源共享的现状、问题及对策 [J]. 科技进步与对策，2011（19）：48-51.

[7] 马云泽，常燕. 河北省承接京津地区产业转移的对策研究 [J]. 产业与科技论坛，2008（6）：57-58.

[8] 陈计旺. 区际产业转移与要素流动的比较研究 [J]. 生产力研究，1999（3）：64-67.

[9] 陈建军. 中国现阶段的产业区域转移及其动力机制 [J]. 中国工业经济，2002（8）：37-44.

[10] 郑燕伟. 产业转移理论初探 [J]. 中共浙江省委党校学报，2000（3）：19-22.

[11] 陈刚，陈红儿. 区际产业转移理论探微 [J]. 贵州社会科学，2001（4）：2-6.

[12] 熊必琳，陈蕊，杨善林. 基于改进梯度系数的区域产业转移特征分析 [J]. 经济理论与经济管理，2007（7）：45-49.

[13] 孙华平，黄祖辉. 区际产业转移与产业集聚的稳定性 [J]. 技术经济，2008（7）：74-80.

[14] 王楠. 东北经济区产业转移研究 [D]. 长春：东北师范大学，2009.

[15] 周洋全. 重庆市承接产业转移的路径选择研究 [D]. 重庆：重庆工商大学，2012.

[16] 阿卜杜热伊木·阿卜杜克热木，阿布来提·依明. 我国区域产业转移承接对经济增长的溢出效应研究 [J]. 无锡商业职业技术学院学报，2021，21（3）：9-19.

[17] 陈亚平. 基于熵权 TOPSIS 模型的河北省产业承接能力研究 [D]. 秦皇岛：燕山大学，2018.

[18] 李斌，陈超凡，万大艳. 湖南省承接产业转移与产业结构优化的理论及实证研究 [J]. 中南大学学报（社科版），2011（2）：118-123.

[19] 魏迎迎. 湖北省承接产业转移对产业结构升级的影响研究 [D]. 荆州：长江大学，2017.

[20] 于亚卉. 基于梯度理论的东北地区承接东部地区产业转移研究 [D]. 哈尔滨：哈尔滨工业大学，2018.

[21] 江胜名，周薇薇，叶留娟. 地方政府努力方向、市场化与产业转移 [J]. 湖北经济学院学报，2018（1）：85-90.

[22] 孟睿. 河南省承接区域产业转移的路径选择研究 [D]. 太原：山西财经大学，2011.

[23] 孙世民，展宝卫. 产业转移承接力的形成机理与动力机制 [J]. 改革，2007（10）：121-125.

[24] 丁鑫，宋锋华．新疆承接产业转移影响因素实证研究 [J]. 新疆农垦经济，2016（2）：57-62.

[25] 曾颖．湖南省承接产业转移影响因素的实证研究——基于因子分析方法 [J]. 决策与信息，2014（24）：11-13。

[26] 吴文洁，范磊．产业承接的影响因素及其影响力分析——以陕西第二产业为例 [J]. 西安石油大学学报（社会科学版），2011（6）：22-28.

[27] 王凯霞，敬莉．基于灰色关联度视角下的新疆承接东部产业转移研究 [J]. 新疆社会科学，2014（1）：43-50.

[28] 贾兴梅，刘俊杰．中西部地区承接产业转移的影响因素研究 [J]. 地域研究与开发，2015，34（1）：14-18.

[29] 曹薇，刘春虎，苗建军．区域承接产业转移的产业空间双网络分析——基于金融发展、资源禀赋因素比较视角 [J]. 运筹与管理，2021（5）：176-181.

[30] 谢媛．区域产业转移对承接地自主创新溢出的影响因素分析 [J]. 经济师，2018（10）：51-52.

[31] 龚雪．产业转移的动力机制与复利效应研究 [M]. 北京：法律出版社，2009：9.

[32] 姜怀宇．沿海地区制造业密集区产业转移的区位选择——以广东省为例 [J]. 国际贸易探索，2012（2）：77-89.

[33] 魏后凯，白玫．中国企业迁移的特征、决定因素及发展趋势 [J]. 发展研究，2009（10）：9-18.

[34] 陈晓峰．提升环长株潭城市群国际产业转移承载力研究 [D]. 杭州：浙江大学，2016.

[35] 李平，董丽阳．山东煤炭产业区际转移的区位选择影响因素探究 [J]. 科技和产业，2016（2）：31-33，52.

[36] 倪巍．中国制造业区域转移研究 [D]. 长春：东北师范大学，2018.

[37] 张庆亮. 中部地区承接产业转移研究 [D]. 北京：中共中央党校，2012.

[38] 张龙鹏. 西部承接产业转移中地方政府竞争的经济影响研究 [D]. 成都：电子科技大学，2014.

[39] 安锦，张旭，韩雨莲，等."双循环"新发展格局下西部地区承接产业转移提升策略研究 [J]. 财经理论研究，2021（3）：11-24.

[40] Helpmam E，Krugman P. Market Structure and Foreign Trade[M]. Hempstead：Harvester Press，1985.

[41] Grossman G，Helpman E. Product Development and International Trade [J]. Journal of Political Economy，1989（97）：1261-1283.

[42] Porter M E. The Competitive Advantage of Nations[M]. New York Cigy：N.Y. Free Press，1990.

[43] 戴宏伟，田学斌，陈永国. 区域产业转移研究——以"大北京"经济圈为例 [M]. 北京：经济科学出版社，2000.

[44] Akamatsu K. A Historic Pattern of Economic Growth in Developing Countries[J]. Developing Economies，2007，1（s1）：3-25.

[45] 吴莹. 基于增长极理论的无锡阳山田园综合体研究 [D]. 舟山：浙江海洋大学，2020.

[46] 王雪莹. 基于协同理论的京津冀协同发展机制研究 [D]. 北京：首都经济贸易大学，2016.

[47] 马骞. 基于博弈论的多主体参与下的家政企业诚信研究 [D]. 石家庄：河北科技大学，2020.

[48] 彭伟辉. 成都市电子信息产业集群演化升级研究 [D]. 成都：四川省社会科学院，2014.

[49] 姚敏. 产业集聚的理论渊源与研究进展 [J]. 经济研究导刊，2014（11）：3-6.

[50] Friedman J R.Regional Development Policy：A Case Study of Venezuela [M]. Cambridge：MIT Press，1966.

[51] 谭崇台. 发展经济学 [M]. 上海：上海人民出版社，1996.

[52] 曹荣庆. 浅谈区域产业转移和结构优化的模式 [J]. 中州学刊，2001（6）：111-113.

[53] 张少军，刘志彪. 全球价值链模式的产业转移——动力、影响与对中国产业升级和区域协调发展的启示 [J]. 中国工业经济，2009（11）：5-15.

[54] 李向阳. 山西省产业承接效应及其影响因素研究 [D]. 太原：山西财经大学，2017.

[55] 孟凡昌."长吉图"区域产业承接路径研究——基于产品临近性的视角 [D]. 长春：吉林财经大学，2017.

[56] 张伟，王韶华. 整体迁移模式下承接产业与本土产业融合互动的情景分析——以河北承接北京八大产业转移为例 [J]. 中国软科学，2016（12）：105-120.

[57] 王培县. 广西承接珠三角产业转移研究 [D]. 南宁：广西大学，2005.

[58] 谢江南. 欠发达地区产业承接的影响因素及模式选择研究——以永州为例 [D]. 湘潭：湘潭大学，2008.

[59] 刘友金，吕政. 梯度陷阱、升级阻滞与承接产业转移模式创新 [J]. 经济学动态，2012（11）：21-27.

[60] 徐梦婧. 中部地区承接东部地区产业转移的问题与对策研究 [D]. 武汉：武汉理工大学，2009.

[61] 王建平，刘彬. 国际产业转移的模式与效应分析 [J]. 管理现代化，2013（3）：24-26.

[62] 孙立中. 我国加工贸易产业转移的最优匹配决策 [D]. 南京：南京财经大学，2018.

[63] 陈军. 基于GSPN的西咸新区临空经济产业链建模研究 [J]. 经济研究导刊，2018（10）：61-66.

[64] 许树辉. 区域链网协作下的欠发达地区产业转移承接模式创新——以广

东省韶关市制造业"融珠"模式为例 [J]. 经济研究导刊, 2018 (26): 71-73.

[65] 张琴. 产业转移与我国产业承接探析——基于亚洲"四小龙"的经验分析 [J]. 理论与改革, 2010 (1): 78-80.

[66] 傅强. 西部园区承接珠三角产业转移的政策分析 [D]. 重庆: 西南政法大学, 2016.

[67] 韩梅. 武汉城市圈承接产业转移问题研究 [D]. 武汉: 湖北大学, 2011.

[68] 宋月莹. 西部贫困地区工业园区产业选择与发展模式研究——以定西经开区为例 [D]. 西安: 西北大学, 2016.

[69] 黄昳昕. 广西承接东部产业梯度转移研究 [D]. 南宁: 广西大学, 2013.

[70] 陈建军, 叶炜宇. 关于向浙江省内经济欠发达地区进行产业转移的研究 [J]. 商业经济与管理, 2002 (4): 28-31.

[71] 徐丹丹, 张维昊. 对北京城乡产业转移进程与走向的实证分析——基于四大功能区的视角 [J]. 北京社会科学, 2012 (6): 53-59.

[72] 约翰·冯·杜能. 孤立国同农业和国民经济的关系 [M]. 吴衡康, 译. 北京: 商务印书馆, 1986.

[73] 阿瑟·刘易斯. 国际经济秩序的演变 [M]. 乔依德, 译. 北京: 商务印书馆, 1984.

[74] Vernon R. International investment and international trade in the product cycle[J]. The Quarterly Journal of Economics, 1966, 80 (2): 190-207.

[75] Walz U. Transport Costs, intermediate Goods, and Localized Growth [J]. Regional Science and Urban Economic, 1996, 26 (6): 671-695.

[76] 王乐平. 赤松要及其经济理论 [J]. 日本问题, 1990 (3): 117-126.

[77] 小岛清. 对外贸易论 [M]. 周宝谦, 译. 天津: 南开大学出版社, 1987.

[78] Ginzburg A, Simonazzi A. Patterns of industrialization and the flying geese model: the case of electronics in East Asia[J]. Journal of Asian Economics,

2005（15）：1051-1078.

[79] Cantwell, ammarino S. The technological relationships between indigenous firms and foreign-owed MNCs in the European regions[M]. UK: Edward Elgar Publishing, 2002.

[80] Sanjaya Lall E, Chen J, Katz B, et al. The New Multinationals: The spread of Third World Enterprises[M]. Paris: Press Universitaires de France, 1984.

[81] Richard E Caves. Multinational firms, competition, and productivity in host-country markets [J]. Economica, New Series, 1974, 162（41）：176-193.

[82] Blomström M, Kokko A, Zejan M. Multinational Corporations and Productivity Convergence in Mexico[M]. London: Foreign Direct Investment, 2000.

[83] Görg H, Strobl E. Multinational companies and productivity spillovers: a meta-analysis with a test for publication bias [J]. Center for Research on Globalisation and Labour Markets（GLM）, 2000（111）：17.

[84] Yuenyuen Ang. Industrial transfer and the remarking of The People's Republic of China's competitive advantage[J].Asian Development Bank Institute, 2017, 7（762）：1-17.

[85] Hatelling H. Stability in competition[J].Economic Journal, 1929（39）：41-57.

[86] Dowlinga M, Chia Tien Cheang. Shifting comparative advantage in Asia: new tests of the "flying geese" model[J]. Journal of Asia Economics, 2000, 11（4）：443-463.

[87] Kojima K. The "flying geese" model of Asian economic development: origin, theoretical extensions, and regional policy implications[J]. Journal

of Asian Economics, 2000, 11 (4): 375-401.

[88] Thompson E R. Technology transfer to China by Hong Kong's cross-border garment firms [J]. The Development Economies, 2003, 41 (1): 88-111.

[89] Dunning J H. Location and the multinational enterprise: a neglected factor?[J]. Journal of International Business Studies, 2009 (40): 5-19.

[90] Ellison G, Edward L Glaeser. The geographic concentration of industry: does natural advantage explain agglomeration?[J]. American Economic Review, 1999, 89 (2): 311-316.

[91] Campbell D. Foreign investment, labour immobility and the quality of employment [J]. International Labour Review, 1994, 133 (2): 185-204.

[92] Williams D. Explaining employment changes in foreign manufacturing investment in the UK[J]. International Business Review, 2003, 12 (4): 479-497.

[93] Mariotti S, Mutinelli M, Piscitello L. Home country employment and foreign direct investment: evidence from the Italian case[J]. Cambridge Journal of Economics, 2003, 27 (3): 419-431.

[94] Ernst C. The FDI-Employment link in a globalizing world: the case of Argentina, Brazil and Mexico[R].Geneva: Employment Strategy Paper from International Labour Office, 2005: 1-53.

[95] Irpan H M, Rosfadzimi Mat Saad, et al. Impact of foreign direct investment on the unemployment rate in Malaysia[J]. Journal of Physics: Conference Series, 2016 (710): 1-10.

[96] 赵淑琪. 皖北地区产业转移综合承接能力评价研究 [D]. 合肥：合肥工业大学, 2012.

[97] 柴元春. 皖北地区承接长三角产业转移对策研究 [D]. 合肥：安徽财经大学, 2012.

参考文献

[98] 胡承龙. 皖北地区承接长三角产业转移研究[D]. 合肥：安徽大学，2012.

[99] 秦艳波. 重庆承接东部产业转移问题研究[D]. 重庆：重庆工商大学，2012.

[100] 唐树伶. 京津冀协同发展背景下河北省产业承接效应[J]. 中国流通经济，2016（6）：40-45.

[101] 马堃. 重庆市承接我国产业梯度转移研究[D]. 重庆：重庆工商大学，2012.

[102] 贺曲夫，刘友金. 基于产业梯度的中部六省承接东南沿海产业转移之重点研究[J]. 湘潭大学学报（社科版），2011（5）：71-75.

[103] 胡丹，晏敬东. 基于产业梯度系数的湖北承接产业梯度转移对策研究[J]. 武汉理工大学学报（社科版），2014（3）：374-379.

[104] 金浩，隋蒙蒙. 京津冀协同发展过程中河北省产业承接力研究[J]. 河北工业大学学报（社科版），2015（1）：1-9.

[105] 苏华，胡田田，黄麟堡. 中国各区域产业承接能力的评价[J]. 统计与决策，2011（5）：41-43.

[106] 沈羽嚣，朱晓霞. 京津冀协同发展过程中河北省产业承接选择研究[J]. 南京航空航天大学学报（社科版），2016（2）：47-53.

[107] 魏丽华，李书锋. 京津冀协同发展战略下河北省产业布局分析[J]. 中国流通经济，2014（12）：25-31.

[108] 谷聪，王晓晶. 京津冀一体化背景下河北省承接京津产业转移问题研究——以临空产业为例[J]. 知识经济，2013（14）：92-100.

[109] 吴宇，刘天泽. 京津冀协同发展背景下河北省承接产业转移研究——基于白沟大红门市场的调研[J]. 河北大学学报（社科版），2016（3）：69-74.

[110] 李淑香. 河南省承接地区产业转移的实证研究[D]. 开封：河南大学，2005.

[111] 刁文杰.京津冀协同发展背景下河北省各地市产业承接能力研究[D]. 石家庄：石家庄经济学院，2015.

[112] 胡书金，刘艳.区域经济一体化背景下承接产业转移问题研究——以河北省为例[J].人民论坛，2013（11）：74-75.

[113] Xia E. Comparative study on inter-regional differences of economic growth and environmental quality in China[J]. Stanford Center for International Development，Working Paper，2013（478）：1-21.

[114] Cangcang Jia. The influence of industrial transfer on regional total factor productivity and its path analysis[J].2nd International Conference on Economic Development and Education Management，2018（290）：266-271.

[115] 徐新华，郭露.BBC效率模型下区域产业承接效率测度：以长江经济带为例[J].科技进步与对策，2018（5）：130-137.

[116] 陈刚，张解放.区域产业转移的效应分析及相应政策建议[J].华东经济管理，2001（2）：24-26.

[117] 邱小云，贾微晓.FDI、产业转移和就业联动变化——以江西赣州市为例[J].江西社会科学，2018（8）：77-86.

[118] 李晖，王莎莎.基于TOPSIS模型评价承接产业转移的实证研究[J].系统工程，2010（8）：64-69.

[119] 孙威，李文会，林晓娜，等.长江经济带分地市承接产业转移能力研究[J].地理科学进展，2015（11）：1470-1478.

[120] 肖雁飞，万子捷，廖双红.中部地区承接沿海产业转移现状及综合能力测度[J].经济问题探索，2014（1）：46-51.

[121] 袁镜.西部承接产业转移与产业结构优化升级研究——以四川为例[D]. 成都：西南财经大学，2012.

[122] 刘川，宋晓明.中西部地区承接东部高技术产业转移能力评价——基

于省级面板数据的实证分析 [J]. 企业经济，2014（2）：150-155.

[123] 吴传清，陈晓. 长江中上游地区产业转移承接能力研究 [J]. 经济与管理，2017（5）：49-57.

[124] 于可慧. 京津冀产业转移效应研究 [D]. 北京：北京科技大学，2018.

[125] 包群，陈媛媛. 外商投资、污染产业转移与东道国环境质量 [J]. 产业经济研究，2012（6）：1-9.

[126] 邓丽. 基于生态文明视角的承接产业转移模式探索 [J]. 吉林大学社会科学学报，2012（5）：106-111.

[127] 李志翠，马海霞，朱琳. 区域生态产业链规划视角下西部地区承接产业转移研究 [J]. 管理现代化，2013（1）：55-57.

[128] Weiwei Zheng, Xia Wang, et al. Water pollutant fingerprinting tracks recent industrial transfer from coastal to inland China: a case study[J]. Scientific Reports, 2013（1）：1-6.

[129] 豆建民，沈艳兵. 产业转移对中国中西部地区的环境影响研究 [J]. 中国人口·资源与环境，2014（11）：96-102.

[130] 梁树广. 承接产业转移的环境效应及其区域差异的实证研究——以山东省为例 [J]. 北京交通大学学报（社科版），2016（4）：18-26.

[131] 魏玮，毕超. 环境规制、区际产业转移与污染避难所效应——基于省级面板 Poisson 模型的实证分析 [J]. 山西财经大学学报，2011（8）：69-75.

[132] 王蓓. 生态文明视域下西部承接产业转移的价值实现机理研究 [D]. 重庆：西南大学，2014.

[133] 何明珠. 生态文明视域下重庆承接产业转移的战略路径研究 [D]. 重庆：西南大学，2014.

[134] 杜思明. 生态文明视域下贵州承接产业转移的产业选择研究 [D]. 贵阳：贵州大学，2015.

[135] 王敏达，张锡，张新宁.生态文明视角下河北省承接京津产业转移对策研究 [J].河北工业大学学报（社科版），2017（3）：1-8.

[136] 朱立萍.西部地区承接产业转移政策思考 [J].合作经济与科技，2017（14）：52-53.

[137] 李艳梅，牛苗苗.承接国际产业转移对中国碳排放影响的研究 [J].现代化工，2019（1）：7-11.

[138] 何龙斌.应从国家层面对国内产业转移进行统筹管理 [J].经济纵横，2012（2）：62-65.

[139] 朱云飞，赵宁.京津冀协同发展背景下河北承接产业转移的财政政策建议 [J].经济研究参考，2014（69）：20-24.

[140] 张峰，肖文东.京津冀产业转移与承接的金融支持问题分析 [J].商业经济研究，2015（35）：90-91.

[141] 连季婷.京津冀协同发展中的河北省经济策略研究 [D].大连：东北财经大学，2015.

[142] 靖学青.长江经济带产业转移与区域协调发展研究 [J].求索，2017（3）：125-130.

[143] 傅为忠，边之灵.区域承接产业转移工业绿色发展水平评价及政策效应研究——基于改进的 CRITIC-TOPSIS 和 PSM-DID 模型 [J].工业技术经济，2018（12）：106-114.

[144] 杨茜淋，张士运.京津冀产业转移政策模拟研究——基于多区域 CGE 模型 [J].中国科技论坛，2019（2）：83-89，149.

[145] 洪佳雨.产业承接与城镇化互动关系分析——以天津市为例 [J].中国商论，2016（4）：149-152.

[146] 韩文琰.天津承接产业转移的重点选择、问题与对策 [J].经济问题探索，2017（8）：87-93.

[147] 杨雨然.京津冀协同发展背景下天津承接北京非首都功能产业转移问

题研究 [J]. 中国经贸导刊（中），2018（7）：27-31.

[148] 吕剑凤. 京津冀协同发展下天津承接产业转移的研究 [D]. 北京：首都经济贸易大学，2018.

[149] 梁倩. 京津冀确定打造"五区五带五链" [N]. 经济参考报，2016-06-30（008）.

[150] 2014 年天津市国民经济和社会发展统计公报 [R]. 天津市统计局，国家统计局天津调查总队，2015-03-13.

[151] 2015 年天津市国民经济和社会发展统计公报 [R]. 天津市统计局，国家统计局天津调查总队，2016-03-01.

[152] 2016 年天津市国民经济和社会发展统计公报 [R]. 天津市统计局，国家统计局天津调查总队，2017-03-01.

[153] 孙晓川，魏炳峰. 天津国内招商引资实现可持续增长，京企在津投资711 亿 [N]. 天津日报，2017-06-01（006）.

[154] 施振荣. 再造宏碁：开创、成长与挑战 [M]. 北京：中信出版社，2005.

[155] 刘友金，尹延钊，曾小明. 中国向"一带一路"国家产业转移的互惠共生效应——基于双边价值链升级视角的研究 [J]. 经济地理，2020，40（10）：136-146.

[156] 陈雅秀. 重庆市承接东部产业转移问题研究 [D]. 重庆：西南大学 2008.

[157] 郑燕伟. 产业转移理论初探 [J]. 中共浙江省委党校学报，2000（3）：19-22.

[158] 张颂. 二战后美国产业转移及权力地位研究 [D]. 上海：华东师范大学，2019.

[159] 吴沽莹. 区际产业转移受劳动力结构影响的研究 [D]. 南京：东南大学，2018.

[160] 周智宇. 韩国半导体产业发家史：政府推动巨额投资，三星"死磕"闯出半壁江山 [N]. 21 世纪经济报道，2018-05-05（001）.

[161] 许顺松. 提升怀化示范区承接产业转移能力的对策研究 [J]. 科技和产业, 2019（11）：73-79.

[162] 程晖. 湘南湘西承接产业转移示范区：精准承接创新机制 [N]. 中国经济导报, 2021-07-06（003）.

[163] 张楠. 京津冀协同发展下产业转移研究 [D]. 长春：吉林大学, 2017.

[164] 向碧华. 产业转移问题研究——以湖北省承接产业转移为例 [D]. 武汉：武汉大学, 2011.

[165] 徐曼. 河南省承接产业转移的产业选择 [J]. 河南科技大学学报（社科版）, 2018（5）：69-75.

[166] 韩江波, 万丽, 娄诗瑶. 国家中心城市产业转型升级研究：郑州案例——基于承接产业转移的视角 [J]. 创新科技, 2017（9）：4-11.

[167] 张银银, 黄彬. 产业承接、创新驱动与促进区域协调发展研究 [J]. 经济体制改革, 2015（6）：62-67.

[168] 王贵民. 承接产业转移与省域产业结构调整——基于资本要素的分析 [J]. 经济研究导刊, 2010（18）：184-186.

[169] 范文祥. 国际产业转移对我国产业结构升级的阶段性影响分析 [J]. 经济地理, 2010（4）：619-623.

[170] 王泽强. 承接产业转移促进安徽产业升级问题研究 [J]. 安徽行政学院学报, 2012（4）：61-65.

[171] 王建峰. 区域产业转移的综合协同效应研究 [D]. 北京：北京交通大学, 2012.

[172] 刘满凤, 黄倩, 黄珍珍. 区际产业转移中的技术和环境双溢出效应分析——来自中部六省的经验验证 [J]. 华东经济管理, 2017（3）：60-68.

[173] 周伟. 京津冀产业转移效应研究——基于河北技术溢出、产业集聚和产业升级视角 [J]. 河北学刊, 2018（6）：172-179.

[174] 刘玉洁. 产业集聚视角下重庆承接产业转移问题的研究 [D]. 重庆：重

庆大学，2015.

[175] Krugman P R. Geography and Trade[M].Cambridge. Mass：MIT Press，1991.

[176] Krugman P. First nature，second nature，and metropolitan location[J]. Journal of regional science，1993，33（2）：129-144.

[177] Krugman P. History versus expectations[J]. The Quarterly Journal of Economics，1991，106（2）：651-667.

[178] Krugman P R. Scale Economies，Product Differentiation，and the Pattern of Trade[J]. American Economic Review，1980（70）：950-959.

[179] 梁其翔，邝国良. 产业转移中不完善市场机制下的企业、政府博弈模型——基于广东经验[J]. 科技管理研究，2012（10）：211-216.

[180] 王桂平，邝国良. 不完善市场机制下的广东省产业转移研究[J]. 特区经济，2011（1）：27-29.

[181] 沈晓. 产业转移中企业和政府的行为决策研究[D]. 南京：南京理工大学，2009.

[182] 戴伯勋. 现代产业经济学[M]. 北京：经济管理出版社，2001.

[183] 周京奎，黄雄. 城市产业承载力评价方法与测度研究[J]. 河北学刊，2018（2）：136-142.

[184] 阎东彬. 京津冀一体化进程中重点城市综合承载力研究[J]. 国家行政学院学报，2015（2）：68-72.

[185] 马诗怡，陈平，宋慧琳. 我国产业转移新趋势与赣江新区承接行业选择实证研究[J]. 科技广场，2017（11）：12-17.

[186] 刘铠维. 京津冀协同发展背景下天津市第三产业主导产业选择研究[J]. 软科学，2016（12）：43-48.

[187] 陶壮. 承接产业转移背景下安徽科技创新能力及绩效研究[D]. 马鞍山：安徽工业大学，2011.

[188] 楚尔鸣. 高新技术产业经济学 [M]. 北京：中国经济出版社，2005.

[189] 李邃. 中国高技术产业创新能力对产业结构优化升级的影响研究 [D]. 南京：南京航空航天大学，2010.

[190] 胡凯，吴清，朱敏慎. 地区产业配套能力测度机器影响因素 [J]. 产业经济研究，2017（2）：62-75.

[191] 韩书成，李晶. 产业转移提升本土企业产业配套能力的机理研究——以武汉承接制造业转移为例 [J]. 中国集体经济，2010（31）：33-34.

[192] 许召元，胡翠，来有为. 产业配套能力对中国制造业生产率的贡献 [J]. 经济与管理研究，2014（7）：74-86.

[193] 廖涵. 论我国加工贸易的中间品进口替代 [J]. 管理世界，2003（1）：63-70.

[194] 刘德学. 中国加工贸易升级对策研究——基于全球生产网络视角 [J]. 国际经贸探索，2006（4）：4-8.

[195] 朱明华，贺建风. 我国加工贸易升级的瓶颈——相关产业配套能力的研究 [J]. 改革与战略，2009（8）：135-136，158.

[196] 于瀚. 基于全球价值链的我国加工贸易转型升级研究 [D]. 哈尔滨：哈尔滨工业大学，2016.

[197] 鲁彦秋. 产业承接、跨地区网络分工与产业升级 [D]. 杭州：浙江师范大学，2018.

[198] 袁镜. 西部承接产业转移与产业结构优化升级研究——以四川为例 [D]. 成都：西南财经大学，2012.

[199] Myrdal K G. Economic Theory and Underdeveloped Regions [M]. London：Gerald Duckworth，1957.

[200] 吕拉昌. 极化效应、新极化效应与珠江三角洲的经济持续发展 [J]. 地理科学，2000（4）：355-361.

[201] 杨槐. 产业集群内部企业间的博弈分析 [J]. 技术经济与管理研究，2006

（1）：121-122.

[202] 仇保兴. 小企业集群研究 [M]. 上海：复旦大学出版社，1999.

[203] 蔡新蕾，高山行. 企业自主技术创新测度及不同创新模式作用研究 [J]. 科技进步与对策，2014（31）：116-122.

[204] 王罡. 技术学习、管理学习对自主创新的影响——技术复杂性的调节作用 [J]. 技术进步与对策，2018（21）：80-86.

[205] 李伟庆. 中国区际产业转移的自主创新效应研究 [D]. 杭州：浙江大学，2011.

[206] 刘一君，张同建. 企业集成创新中知识转移转化微观机理探析 [J]. 山东社会科学，2018（4）：137-142.

[207] 邓龙安. 战略性新兴产业技术范式演进中的企业动态集成创新管理研究 [J]. 科技进步与对策，2013（16）：43-47.

[208] 吕绚丽. 制造企业自主研发能力评价及提升对策研究 [D]. 合肥：合肥工业大学，2012.

[209] 王钦. 提升企业自主创新能力的五大管理变革 [J]. 中国经贸导刊，2006（13）：41-42.

[210] 张洁. 高新技术企业自主创新管理能力成熟度模型与提升方法研究 [D]. 天津：南开大学，2010.

[211] 陈黎. 地区自主创新产出能力的评价及预测 [J]. 情报杂志，2010（12）：73-75.

[212] 于建原，陈锟，李清政. 营销能力对企业自主创新影响研究 [J]. 中国工业经济，2007（7）：80-87.

[213] Govindarajan V，Trimble C. Reverse innovation：create far from home，win everywhere [M]. Brighton：Harvard Business Press，2013.

[214] Nunes P，Breene T. Jumping the s-curve：how to beat the growth cycle，get on top，and stay there [M]. Brighton：Harvard Business Press，2013.

[215] 赵弘，游霭琼，杨维凤，等 . 中国区域经济发展报告（2016—2017）[M]. 北京：社会科学文献出版社，2017.

[216] 何立胜，汪桂霞 . 产业转移、产业承接、产业升级 [J]. 当代经济，2006（6）：6-8.

后　　记

本书从选题到完成是我在承担天津市社科基金规划项目的基础上、在美国奥城大学做访问学者期间逐步酝酿而成的，走过刚主持省部级课题的喜悦、研究的奔波、撰写报告的辛苦，到今天将其成书，回首历程，别有一番滋味在心头。

就像在各种颁奖典礼上获奖者发表的获奖感言一样，后记中对亲友师长的感谢也是必不可少的。刚毕业时总是喜欢把科研冲动当成科研才华，但直到今天我还仍然执着于当初的选择，为自己的理想在继续努力，无论未来怎样，这段科研经历将永久铭刻于我的记忆里。学业有涯，学术无涯。

此书能够顺利完成，要感谢天津财经大学高正平、任碧云、张英华、韩传模、王天佑、张盘铭等教授的大力支持。没有前辈的悉心指导和莫大鞭策，我不可能如此顺利地完成本书。感谢我的家人，你们永远是我内心深处最柔软和最温暖的一隅。

本书吸收了国内外众多前人学者的学术成果，可以说，这些闪耀着学术光辉的当代最优秀的成果观点、理论与方法对本书的顺利完成犹如一阵春风。作为一名学术研究的后来者，尚不具备在某一领域理论层面有所建树的能力，更多的，是沿着前辈筚路蓝缕的道路砥砺前行。

谨以拙文，献给他们！

安轶龙

2019年4月于美国奥城大学